Só o amor não basta

Cesar
ROMÃO

Só o amor não basta

6ª reimpressão

Academia

Capa: Marcílio Godoi
Revisão: Tulio Kawata

Dados Internacionais de Catalogação na Publicação (CIP)
(Câmara Brasileira do Livro, SP, Brasil)

Romão, Cesar
Só o amor não basta / Cesar Romão. – São Paulo :
Editora Academia de Inteligência, 2009.

ISBN 978-85-60096-50-3

1. Amor 2. Casamento 3. Comportamento afetivo
4. Felicidade 5. Homem-mulher - Relacionamento
I. Título.

09-06303 CDD-158.2

Índice para catálogo sistemático:

1. Guia amoroso : Relacionamentos : Psicologia aplicada 158.2

2012

EDITORA ACADEMIA DE INTELIGÊNCIA LTDA.
Avenida Francisco Matarazzo, 1500 – 3º andar – conj. 32B
Edifício New York
05001-100 – São Paulo-SP
www.academiadeinteligencia.com.br
www.editoraplaneta.com.br
atendimento@editoraplaneta.com.br

Este livro é dedicado
às pessoas que amam com
o coração, a mente e o espírito.

Alguns casais que amam amar o outro:

Martha e Antonio Romão; Deinha e José Maria Nogueira; Marisa e Carlos Alberto Júlio; Cristina e César Souza; Núria e Clóvis Tavares; Terezinha e Daniel Godri; Dulce Magalhães e Egídio; Luciana e Eugenio Mussak; Bethy e J. R. Gretz; Ana Cristina e Luiz Almeida Marins; Adila e Marco Aurélio F. Vianna; Marta e Max Gehringer; Marlene e Reinaldo Polito; Márcia e Waldez Ludwig; Leila Navarro e José María Gasalla; Natércia e Içami Tiba; Ana Claudia e Marcio Mendes; Rosana Beni e Fabio Parlatore; Cristina e Ronnie Von; Patricia e Rolando Boldrin; Marilídia e Luiz Nogueira Mesquita; Clarita e Ângelo Máximo; Tereza e Robert Wong; Nádia e Ronaldo Oto Romão; Sylvana e Aônio G. Vieira; Elena e Ronaldo Gonçalves Côrtes; e todos aqueles que de alguma maneira veem na sua cara-metade uma parte importante e inseparável de si mesmo, assim como eu vejo em minha esposa Thais.

Sumário

O Criador desde o início os fez homem e mulher...
o homem deixará seu pai e sua mãe e se unirá à sua mulher,
e os dois serão uma só carne...

Mateus, 19:4-5

Capítulo 1

Unir-se por um sentimento é só o começo

Relacionamentos amorosos fazem parte da vida de todas as pessoas. De alguma maneira, eles estão sempre presentes.

Por muito tempo, fomos induzidos a achar que o amor é a grande força da união de duas pessoas. Mas o relacionamento chega, a convivência começa, os compromissos amorosos surgem, as exigências de um se impõem sobre as do outro, o dia-a-dia tira um pouco do romantismo e, embora as duas pessoas se amem, terminam por viver de maneira sofrida e forçada, quando não se separam. Buscam um no outro semelhanças e só encontram diferenças.

O amor inicia o ciclo da busca pela felicidade, mas fracassa se tiver de travar uma luta solitária no coração das pessoas. Sozinho, ele não consegue manter sentimentos de atração, motivação e afeição, e a convivência fica vazia.

O amor precisa de ajuda para manter-se como elo primordial entre duas pessoas, necessita de uma expansão de seus complementos. Ele precisa da compreensão dos dois lados no reconhecimento das diferenças e dos processos de aprendizado que podemos desenvolver, desde que estejamos abertos para buscá-los.

Depois que o amor une, tem de ser decifrado e vivido com mais cérebro do que coração.

Meu contato com pessoas é diário, através de minhas palestras, da seção de pesquisas do meu *site* e das mensagens que recebo, e um desejo é praticamente unânime: as pessoas querem ser amadas, querem alguém que as ame para encontrar a felicidade.

Uma paixão pode ser passageira ou evoluir para o estágio de amor; pode causar saudade quando se for ou motivar uma mudança de conduta em sua nova forma evolutiva.

Não podemos escolher quem nosso coração vai amar, ele simplesmente nos conduz e nos dá o tom, mas, quando estamos amando com o coração, começamos a perceber que esta é apenas uma das muitas fases de uma relação. Nem tudo que era sonho pode se tornar real.

Amar um ao outro talvez seja o destino de homens e mulheres, talvez seja a maneira que a natureza escolheu para colocar a evolução em prática. Talvez não exista um caminho tão bom para testar a evolução de nossos sentimentos quanto vivenciar uma relação.

O amor bate à porta e entra sem pedir licença, mas depois não nos oferece muitas oportunidades para mantermos o estado de euforia de quando ele chegou. Depois que se faz presente em nossa vida, ele quer que aprendamos outras de suas características.

Ele nos impulsiona por momentos que não estávamos preparados para decifrar, pois acreditamos que amar seria o suficiente para nos manter felizes para sempre.

Esse sentimento une as pessoas, mas não basta para realmente fazê-las felizes ou manter os relacionamentos como num conto de fadas.

Quando amam, as pessoas dão início a uma aventura de descobertas sobre elas mesmas e sobre quem amam. Descobrem comportamentos que não compartilham da energia do amor que sentem, vivenciam esperanças diferentes das que planejaram, vão por rotas desconhecidas e muitas vezes sombrias que abrem o questionamento sobre se esse amor realmente vale o sacrifício.

Sacrifício!!! As pessoas não têm ideia de quanto sacrifício está pela frente quando se começa uma relação. Essa fase chega aos poucos, mas de maneira marcante. Chega o dia de abrir mão de muitas de suas convicções, de seus desejos, de suas vontades e até de seus sonhos.

Para muitos, o amor não é um instrumento permissivo, ele é um instrumento inquisidor, pois, depois de unidas, as pessoas começam a acreditar que poderiam fazer faculdade, mas agora não dá mais tempo; que poderiam abrir o negócio com que sempre sonharam, mas, casadas, não têm mais tempo, como se precisassem viver para a outra pessoa e não mais para si.

Voltam ao passado e se questionam se aquele relacionamento do tempo de estudante não seria melhor do que esse que vivem hoje; se voltar com as pessoas de quem se separaram não seria melhor do que começar outros relacionamentos ou se não seria melhor ficarem com as pessoas com quem estão, pois tudo seria exatamente igual numa troca de relacionamento...

O amor passa a representar mudanças em seu comportamento. Você passa a ter de ser mais tolerante, anular-se mesmo contra sua vontade, fazer coisas que não gostaria de fazer, ouvir e suportar palavras que não estavam em suas visões sobre o amor.

Você descobre que, quando ama alguém, esse alguém não vem sozinho, traz com ele outras pessoas, com as quais terá de aprender a conviver, ou suportar. Elas vão pesar em sua vida amorosa, pois fazem parte da vida de sua pessoa amada, mas não da sua, e aí têm início longos dias de contrariedade interna.

Você também acha que aquela pessoa que mereceu o seu amor parece estar mudando. A pessoa para quem entregou seu amor agora parece ter uma nova maneira de comportar-se, longe da sua expectativa inicial. Ela já não é tão romântica como antes, já não é tão gentil como antes, já não é tão atenciosa como antes. Nada parece ser como antes.

Sente que seu coração deseja aquela pessoa como antes, porém a mente rejeita todas as mudanças que estão ocorrendo. Mas será que realmente essas mudanças estão ocorrendo ou, quando o amor bateu, seu coração fechou seus olhos para uma avaliação da realidade?

Quando está em sua fase inicial, o amor cobre com claras nuvens a realidade de chuvas, chuviscos e tempestades. Ele mostra a pessoa como a projetamos, nos moldes de nosso desejo de amar e receber amor. Tudo é tão perfeito que, se alguém contrariar nossa expectativa, não interessa quem seja, vai estar errado e pronto. Vamos logo pensar que ela não entende nada de amor. Afinal, encontramos a pessoa da nossa vida e ninguém vai atrapalhar nosso relacionamento.

O amor que sofre contrariedades externas tende a fortalecer-se pelo simples fato de que as pessoas não suportem ter suas razões questionadas. Então, se alguém contraria uma relação, principalmente se for da família, é aí que ela toma força para existir. O problema é que, sem que notemos, nossa relação deixa de ser uma existência amorosa e passa a ser uma convivência para provar quem tem a razão. As pessoas ficam juntas, nesse caso, mais para mostrar as outras que podem do que pelo que realmente sentem.

Muitas vezes, mesmo percebendo que a relação não dará certo, as pessoas permanecem impassíveis, pois não querem dar o braço a torcer, reconhecer que estavam erradas na escolha que fizeram. E sofrem para mostrar aos outros algo que não é o que sentem em seu coração.

Quantas pessoas não sentem que a pessoa com a qual estão sufoca-as em diversos sentidos, não lhes dá mais aquela liberdade que tinham quando se conheceram; sentem que já não são quem realmente gostariam de ser e já não fazem nada do que realmente gostariam de fazer?

Com o tempo, passam a acreditar que viver em função de alguém é o que lhes resta, e aquilo que construíram juntos passa a ser a razão da convivência, por conveniência.

Ficam juntos pela posição social que conquistaram, para não causar males aos filhos, para não dividirem a casa, para não desestabilizarem suas vidas, e assim cometem a maior traição que pode acontecer num relacionamento – a traição de um comportamento irreal em relação à outra pessoa.

Muitos casais não traem no corpo nunca,
mas traem em suas mentes o tempo todo.

"Nem sei como tudo isso começou a chegar ao fim!", lamentam-se muitas pessoas, na busca de uma explicação para justificar ou encontrar razões que lhes permitam entender o desabamento de seu mundo amoroso, aquele mundo que era tão romântico, tão real e tão sonhado.

Algumas pessoas se separam, mas jogam na nova relação as suas expectativas que, agora, possuem uma nova característica – a comparação com a antiga relação. E se inicia o jogo da compensação. "Minha relação antiga era péssima em tal conduta, mas essa é ótima", pensam. "Porém..." E aí começam os "poréns"... "Porém essa nova relação não é o que eu esperava, mas é melhor ser ruim neste ponto e melhor naquele em que a antiga relação tanto me fez sofrer..."

E a partir desses pensamentos surge um sofrimento, não igual ao antigo, mas um novo. E compensar um sofrimento com outro nem sempre é a melhor saída. Um dia a mente cansa, o coração desanda e o fim chega de uma maneira ou de outra.

Amar não é tão simples, só o seria se você conseguisse ignorar por completo o mundo que está à sua volta e no seu interior. E acredito que isso seja impossível.

Amar não é tão simples, mas pode não ser tão complicado. O sentimento do amor une, mas a performance do comportamento é que torna este amor real e duradouro.

Existem coisas muito difíceis de serem praticadas num relacionamento, mas são extremamente necessárias.

Capítulo 2

A paciência vai além do tempo

Nos dias atribulados em que vivemos, nesse frenesi do "ter de fazer", uma das coisas que primeiro se esgotam é a paciência. Nem sempre temos disposição para ouvir, opinar ou até mesmo apenas observar a pessoa que amamos. A rotina toma conta e a pressa nos assombra. Nossas respostas já são lacônicas e nossos gestos não tão expressivos ou representativos.

Basta algo fora do lugar e lá vai nossa metralhadora anti-relacionamento disparar. Assim, uma colher de pau que cai no chão mais parece uma colher de ouro com diamantes que caiu no chão, e um acidente sem importância desencadeia uma repreensão ou briga.

Boa parte das discussões entre casais acontece pelo não exercício da paciência mútua, uma virtude que, nos dias de hoje, se esgota mais rápido que água no deserto.

Onde você queira que haja amor, tem de coexistir a paciência, não hoje ou amanhã, mas a todo o momento. Onde não existe paciência, prevalecem as ofensas e até o desrespeito inconsciente um pelo outro. E essa conduta vai virando "*pendura de botequim no prego*", ou seja, coisas pequenas que um dia, quando forem jogadas, todas juntas, na cara da pessoa, tornam-se tão grandes que somos incapazes de lidar com elas.

A paciência é como a quilha de um veleiro:
não importa o quão conturbado o mar esteja,
ela mantém o veleiro sendo levado pelo vento.

Todo relacionamento tem seus momentos de turbulência, é preciso ter uma quilha como a paciência. Ela nos permite aceitar coisas que não estamos preparados para aceitar e abranda qualquer manifestação agressiva que possamos vir a ter. Melhora nossas decisões, nossas palavras e nossas reações, nos dá a sensação de que a esperança está presente, que, não importa o que aconteça, algo positivo vai brotar daquele momento.

Com ela não existem desperdícios, nem de tempo, nem de sentimentos e tampouco de energia. Seu convívio pode até ser apressado, desde que você o faça lentamente.

Através da paciência podemos conseguir com mais brandura aquilo que desejamos da outra pessoa; ela é nossa proteção contra qualquer momento de raiva, e eu nem precisaria mencionar aqui as coisas desagradáveis que ocorrem quando a raiva toma conta de um relacionamento. Necessitamos de tolerância, e só o exercício da paciência pode fazer a tolerância atuar.

Ser paciente é uma das características do amor. Assim não exaltamos tanto os pequenos defeitos que vemos nas pessoas que amamos. E você sabe que, quando criticados, pequenos defeitos se tornam venenosos e mortais.

Todo relacionamento precisa de um negociador para que a vida a dois flua, e ele tem nome: paciência. Eis o precussor do tempo a mais que você precisa para resolver as coisas e suavizar as farpas, criando em você mais receptividade para tudo à sua volta.

Ela não está relacionada com aquilo que fazemos em nossa relação, mas com aquilo que não fazemos em nossa relação. Ela tem a ver com suportar o que parece insuportável e aguardar que algo se realize, mesmo que a barra esteja pesada entre o casal. Isso não quer dizer que você não está fazendo nada, ao contrário, está criando uma ação receptiva de ajuste.

Nossa força de vontade nem sempre é tão forte;
às vezes esperar nos faz mais fortes do que quando agimos.

Nós aprimoramos o dom da paciência quando somos impulsionados a compreender a razão que nos fez perder a calma com nossa cara-metade e reconhecemos que sempre há mais de um caminho certo.

Uma das pessoas que mais admiro é um jovem de 92 anos de idade. Jovem porque, apesar de toda essa vivência, tem uma energia inigualável. Trabalha todos os dias, dirige uma das mais importantes entidades esotéricas do mundo, dedica-se ao Rotary, faz palestras inesquecíveis, grava mensagens maravilhosas em CDs, escreve livros muito especiais e sempre tem uma palavra de conforto para todos que buscam seus sábios conselhos.

Esse jovem tem uma musa, um pouco mais jovem do que ele, com quem forma um casal maravilhoso. Andam de mãos dadas e ele vive pedindo a mão dela em casamento, além de tomar outras atitudes românticas já não tão comuns. Esse casal é um exemplo maravilhoso de um relacionamento feliz.

Mas sua musa ficou doente – um momento difícil na vida de qualquer pessoa – e um dos sintomas da doença é que ela esquece rapidamente os assuntos, e os retoma em seguida. E o que é visto pela maioria como um grande problema, para ele, se transformou em uma chance a mais de exercitar seu amor e, para ela, uma oportunidade de reviver tudo de maravilhoso que ele pode lhe ofertar.

Certa vez, esse casal especial estava em minha casa, de onde sairíamos para o velório de um amigo em comum. Na sala, ela perguntou diversas vezes a ele aonde iríamos e ele, sempre com brandura e ternura, respondeu: "Meu amor, nós vamos ao velório do nosso amigo 'rotariano', com quem, por muitas vezes, estivemos juntos em confraternizações...".

A caminho do velório, ela sentou no banco de trás do carro e, durante o percurso, voltou a perguntar, de tempos em tempos, para onde estávamos indo. Sempre com carinho, segurando em uma das mãos dela, ele respondeu: "Meu amor, nós vamos ao velório do nosso amigo 'rotariano', com quem, por muitas vezes, estivemos juntos em confraternizações...".

Talvez naquele dia sua amada tenha lhe feito outras vezes a mesma pergunta e, com certeza, ele agiu da mesma forma, pacientemente. Esse é um dos comportamentos amorosos mais incríveis que já presenciei.

Enquanto estavam comigo, ele não disse: "Outra vez a mesma pergunta?" ou "Quantas vezes tenho que repetir?" ou "Não aguento mais você me perguntar as mesmas coisas". Ele simplesmente respondeu a pergunta feita por sua musa, com o mesmo gesto de amor, como se fosse sempre a primeira vez que sua esposa estivesse lhe perguntando.

A vida desse jovem e de sua musa tem sido assim, uma batalha do amor *versus* uma doença que, embora preocupante, possibilita aos dois reafirmarem, a cada momento, que entre eles o amor realmente existe.

Entre outros casais de amigos, muito mais jovens e com muito menos tempo de união, quando a esposa pergunta algo uma vez e meia num jantar, o tempo já fecha...

O que o meu jovem amigo de 92 anos de idade me ensinou naquele dia é que a paciência em qualquer circunstância é um ato de amor.

Capítulo 3

Quem jogou arroz em você no seu casamento

Jogar arroz nos noivos na cerimônia de casamento é uma tradição que teve origem na China em 2000 a. C. Naquele tempo, o arroz já era símbolo de fartura. O folclore chinês narra que, no casamento de sua filha, um respeitado e poderoso mandarim (título de fidalgo chinês) mandou que as pessoas jogassem arroz, de maneira a parecer uma chuva, para desejar vida farta aos herdeiros. O tempo se encarregou de espalhar esse costume pela maior parte dos povos do mundo inteiro.

Mas você já prestou atenção na chuva de arroz na saída dos noivos?

- Há gente que pega um pouquinho e dá uma "jogadinha". Essa é a turma que não está nem aí com a felicidade dos noivos.
- Há gente que coloca um punhado na mão e não joga, atira no novo casal, e fica olhando para ver se acertou. Essas são as pessoas que querem machucar os noivos de alguma maneira.
- Há gente que fica olhando e não joga nada. Esses nem sabem o que estão fazendo lá, querem logo ir para a festa.

- Há gente que fica bem na frente dos noivos e joga arroz na cara deles. São as pessoas que gostariam de estar casando com aquele noivo ou aquela noiva.
- Há gente que soca arroz nos noivos. São as pessoas que realmente querem que os noivos levem uma vida de sufoco.
- Há gente que enche os bolsos do noivo de arroz. Essas são as pessoas que só querem sacanear o casal.
- Há gente que pisa no véu da noiva e despeja arroz nele. São as pessoas que desejam que os noivos se arrastem no relacionamento.
- Há gente que atira o arroz de balde. São as pessoas que desejam que o casamento seja cheio de desperdício.
- Há gente que leva arroz cozido (e empapado) só para grudar na roupa dos noivos. Essas são as pessoas que desejam impregnar a vida dos noivos de coisas nocivas.
- Há gente que pega o arroz caído do chão, enche a mão e manda na direção dos noivos. São as pessoas que desejam ver esse casamento sofrendo com restos.
- Há gente que atira logo o saco de arroz nos noivos. São aquelas que desejam derrubar o casamento já de saída.

Quando temos algo tão simbólico e arquétipo como o arroz num momento sagrado como o casamento, ele vira um transmissor de energia das pessoas.

Imagino que isso tenha acontecido na saída de seu casamento na igreja. Você foi vítima da turma que vandaliza o casamento energeticamente e, dependendo do nível de sua proteção espiritual ou religiosa, seu relacionamento pode ou não ter sido influenciado negativamente.

Mas existem aquelas poucas pessoas que pegam um punhadinho de arroz, dão um beijo, passam em seu coração e lançam nos noivos, desejando do fundo de seu íntimo que sejam realmente felizes e prósperos para sempre. São poucos, muito poucos, mas estão lá.

Qual desses grupos de pessoas jogou arroz em seu casamento?

Se você já casou, faça muita oração e emanação de perdão para as pessoas com intenções estranhas. Se não casou, não deixe que pessoas fora do convívio de seu coração lhe joguem arroz, nem que tenha de colocar uma pessoa vigiando a porta da igreja, e distribua arroz somente para quem você tem certeza que lhe quer bem. Outra alternativa é organizar um único grupo que tenha permissão para lhe jogar arroz.

As bençãos recebidas dentro da igreja não podem ser bombardeadas logo na porta de saída.

Acredite ou não, muita gente, enquanto lhe jogava arroz, estava pensando: "Vai, sua mocreia, eu queria esse marido para mim"; "Vai, sua ameba, você não merece uma mulher como essa"; "Quero ver até quando isso vai durar" ou "Na festa tudo é bonito, quero ver quando a lua de mel terminar".

Só permita que pessoas que realmente gostem de você joguem arroz em seu casamento. Como pode perceber, esse é um ritual antigo de prosperidade e fartura e deve ser realizado com seriedade e respeito pelos noivos, emanando o desejo de que o casal usufrua as boas coisas da união.

Capítulo 4

Em relacionamento não se experimenta

A cultura da amostra grátis não funciona para as pessoas que buscam um relacionamento. Essa história de ficar ou experimentar para ver se dá certo já reduz pela metade as chances de duas pessoas terem sucesso na união.

Elas já começam com desconfiança e total ceticismo. Estão ali não para se comprometer a fazer um ao outro feliz, mas apenas para experimentar. Mas pense bem: se cerveja fosse tão maravilhosa, não seria servida com tira-gosto.

Quando um relacionamento já começa com cerceamento de atitudes ou limites de possibilidade de fazer mais, nunca você terá uma avaliação real se está indo bem ou mal. Como pode decifrar se algo vai bem ou mal se sua entrega é parcial, se você não fez o seu melhor?

A vida já nos experimentou demais, já nos deu muita coisa que não queríamos, já nos tirou muita coisa que queríamos. Somos testados a todo momento, mas não devemos estender isso a uma parte tão importante de nossas vidas, como encontrar alguém para amar e receber amor.

Quando se está nessa "onda" de experimentar, pensa-se que em breve irá se fazer um outro experimento.

O percentual de pessoas que realmente compram um produto que experimentaram numa degustação de supermercado é muito pequeno. Experimentar não cria compromisso, não o faz manifestar o que realmente gostaria de demonstrar; ninguém ainda deu o seu melhor pensando que o pior pode acontecer.

Você pode imaginar que em algum momento de seu relacionamento a pessoa ficaria totalmente apaixonada por você caso a levasse três vezes ao mês num teatro, mas, como você está só experimentando, leva apenas uma e ainda reclama.

Só podemos saber se vamos conseguir
o melhor para nós se dermos o nosso melhor.

"Mas pode não dar certo!", você pode pensar. E eu respondo: mas pode dar certo. Afinal, não é isso que buscamos? O problema é que, com tantas razões e incertezas, o que era certo fica cada vez mais duvidoso...

Tenho um casal de amigos que se relacionaram por sete meses, separam-se e casaram-se com outra pessoa. Quando converso a sós com eles, ambos dizem que aquele relacionamento de meses valeu por uma vida, porque o que sentiram um pelo outro foi amor mesmo. Quando pergunto por que acreditam que não deu certo, respondem que o começo do fim aconteceu quando resolveram colocar o casamento à prova. Nesse momento, abandonaram seus impulsos afetivos – o que realmente fazia deles um casal especial – e deram início a conjecturas.

Eles deixaram que uma linda história de amor tivesse um final diferente do seu próprio destino. Acredite, embora ambos tenham família e sejam felizes com as pessoas que escolheram depois da separação, nenhum deles diz que sete meses com seu marido ou esposa valeram por uma vida.

Relacionamento foi feito para ser vivenciado. Se no caminho as coisas desandarem, fique com a certeza de que fez o melhor que podia para a pessoa que escolheu amar. O relacionamento durou o que tinha de durar, a vida tem seu próprio curso e seu próprio ritmo. Somos navegantes desse vento: ajuste suas velas, olhe para um novo destino.

Você pode até experimentar, mas faça isso por inteiro, mergulhe de cabeça, faça o melhor possível, acredite que este momento de felicidade é o seu grande momento.

A chance de sermos felizes é muito pequena, mas eterna. A chance de fazermos cicatrizes incuráveis é grande e também pode ser eterna. Abrace cada pequena chance que tiver com sua cara-metade; não desperdice nenhuma.

Entregue-se como num mergulho, deixe que o sentimento o envolva, que ele lhe dê o tom e, principalmente, permita-se ser feliz com a pessoa que escolheu.

Quem experimenta não permite um envolvimento por inteiro, impossibilita a oportunidade de ser feliz por inteiro. Você fica à espera de receber para poder dar, o outro lado faz o mesmo e, no fim, ninguém recebe.

Capítulo 5

O amor não acontece apenas uma vez

O amor é eterno enquanto se ama.

Um de meus amigos, ator e diretor de cinema com fama internacional, quando perdeu o amor daquela fase, entocou-se e dizia nada mais lhe restar a não ser fazer o pior com sua vida.

Dentro do universo, com aquilo que vivera e aprendera, as ferramentas que lhe vieram à mente não foram as melhores.

O amor é um professor aplicado. Ele está sempre nos mostrando, a todo instante de convivência, se, na verdade, estamos amando aquela pessoa ou se temos por ela um sentimento de posse, como algo que conquistamos e portanto nos pertence.

O amor nos ensina e nos mostra com detalhes se realmente estamos amando ou vivendo uma paixão. Mas estamos mais preocupados em viver aquilo que criamos como expectativa do que o que a outra pessoa de fato deseja.

Muitas são as pessoas que me escrevem com casos semelhantes ao de meu querido amigo. As reações de quem acredita ter perdido um amor variam muito de pessoa para pessoa.

A depressão é a mais comum. O mundo acabou ali.

Mas será que acabou mesmo?

Às vezes, para que o verdadeiro amor aconteça em sua vida, é necessário que algumas mudanças drásticas tomem o formato do desespero para nos mostrar que o caminho que acreditamos ser o da felicidade é, na verdade, o da comodidade sentimental.

O amor nos testa em nossa capacidade de recuperação emocional. Ele fica observando se afundamos na lama ou a afastamos e seguimos de cabeça erguida, acreditando no melhor.

Se a pessoa ficar na posição de vítima ou injustiçada pela pessoa com a qual conviveu, a vida passa. Se ela criar uma postura de buscar um caminho com mais felicidade e positividade, a vida acontece.

Ficar aos cacos é simples e fácil, não requer prática nem habilidade. Em geral, o caminho da fossa exige muito pouco de sua mente, de seu coração e de sua crença de valorização pessoal.

As piores, nesses casos, são as pessoas que não se conformam com a perda da outra e insistem em tentar consertar algo que já não tem mais conserto: ficam numa posição tão desvantajosa que sofrem as mais grotescas humilhações.

Temos de lutar por quem queremos, desde que essa pessoa realmente nos queira.

É puro egoísmo e egocentrismo infantis achar que, pelo fato de você amar alguém, esse alguém tem de aceitá-lo, mesmo que não queira mais nada com você.

Coragem e perspectiva para bater a poeira de relacionamentos ultrapassados podem chegar se você acreditar que, se aquele não foi o seu amor, é porque ele ainda está por vir.

O amor tem dois lados: quando um deles se vai, o outro não sobrevive sozinho, precisa buscar algo correspondente. O amor é equivalência de sentimentos e emoções.

– Vai ser difícil encontrar outra pessoa como ela!

– Será?

Existem muitos corações preparados para valorizar o seu coração. Se um amor acabou, encare o fato como algo necessário, mas passageiro, como mais uma estação que você precisou vivenciar.

Não existe ninguém no mundo que mereça o seu sofrimento, mas existe uma pessoa no mundo que merece seu amor e dará a ele a correspondência e equivalência para que, juntos, vocês sejam felizes.

Entender e aceitar o fim de um relacionamento é dar oportunidade para um outro grande início. Talvez para o verdadeiro amor de sua vida.

Sinto que, quando nos afastamos muito de nosso destino, ele se cansa de nos dar sinais e começa a nos jogar pelos cantos para ver se acordamos e mudamos a rota. Como não percebemos, ele nos empurra cada vez com mais força. Embora machucados, ele nos coloca onde realmente deveríamos estar.

Você pode amar outra vez, o amor não é único. Ele amadurece, encontra seu caminho, assim como a água do rio que contorna os obstáculos.

Se você vive um amor no qual existe equivalência e correspondência, eis o seu caminho. O triste dessa história é que nem todas as pessoas acertam na primeira, levam umas trombadas que lhes doem na alma. Mas, como o amor também é sábio, quando chega de verdade faz com que esses fatos fiquem apenas como uma vaga lembrança e não mais interfiram em nossa vontade de ser felizes.

Capítulo 6

Uma relação precisa ser pressurizada

Quando se viaja de avião, a aeronave voa a uma altura entre 9 mil e 12 mil metros. Quando se está nessa altitude, ocorre uma mudança de pressão que afeta enormemente o organismo. Visando equilibrar esse fato e permitir a sobrevivência dos passageiros, o avião é pressurizado, de acordo com sua altitude, sendo injetado ar em seu interior, o que ocasiona elevação da pressão interna, para que se faça compatível com as condições que temos em terra.

A despressurização ocorre quando há perda de pressão por alguma falha de vazamento na estrutura ou equipamentos do avião.

Quando isso acontece, causa sintomas de cansaço, dor de cabeça, confusão mental, problemas de coordenação motora, dificuldade no raciocínio e visão, dor de ouvido e dificuldade na respiração.

Já o que nos tira do rumo num relacionamento é o excesso de pressão. Quando um dos lados exerce uma possessão sobre o outro ou vice-versa, nossos sintomas não são muito diferentes da despressurização do avião.

A pessoa fica confusa, perde a capacidade de raciocínio e passa a agir com excesso de prevenção, ficando com um pé atrás em relação a tudo.

Ninguém foi feito para suportar pressão, principalmente da pessoa que ele escolheu para dividir um sentimento. Nessa relação, ninguém pode ser mesa de pileque emocional do outro ou ponto de desova de esquisitices.

Fazer de uma relação um cabide para pendurar seus dramas interiores e sufocar sua cara-metade é destruir um futuro promissor em nome de um alívio e desabafo de curto prazo.

Toda pessoa tem um limite de se dar ou de se transformar num ombro amigo. Por maior que seja o sentimento, a constituição genética de nosso corpo tem seus limites de suportar qualquer tipo de tirania.

Se a coisa estiver pegando muito pesado, não tente definir tudo naquele instante, deixe para continuar o assunto amanhã.

Nunca vá dormir com sua cara-metade sem uma perspectiva de solução pacífica à vista. À noite, seu cérebro vai passar oito horas ruminando aquela história, imagine como você vai acordar.

Procure fazer nessas horas de pressão algo que goste, em vez de retrair-se por dentro e por fora. Nossas melhores decisões não se manifestam em momentos de dissabores, pois não estamos em nossa plenitude de avaliação.

Respostas impulsivas podem causar danos permanentes,
este papo de não levar desaforos para casa,
pode deixá-lo sem nada em casa.

Quando sentir que a pressão está chegando, não espere por seus efeitos, faça como nos aviões: "máscaras de oxigênio cairão automaticamente a sua frente".

O oxigênio de uma relação são aquelas pequenas atitudes que podem fazer grande diferença nessas horas, como segurar a mão da pessoa, acariciar seu rosto, dar-lhe um beijo na testa ou até um sorriso carinhoso com uma declaração de sentimentos.

Não pegue pesado quando as coisas já estiverem pesadas, a casa pode cair. Dá mais trabalho consertar desafetos depois do ocorrido do que oxigenar a relação durante a ocorrência.

Lembre as coisas legais que faziam quando se conheceram, traga-as à pauta. Do tipo: que tal falarmos sobre isso no (nome do restaurante), foi lá que tivemos nosso primeiro jantar romântico...

Resgatar lembranças dos detalhes da união pode amenizar as coisas e baixar a pressão, criando estabilidade para uma solução promissora.

Em situações adversas, nem sempre aquilo que falamos um ao outro é o que realmente sentimos. Muitas vezes, uma ofensa ou uma atitude de falta de respeito chega, e põe tudo a perder.

A esperança de que tudo acabe bem tem de estar presente nos momentos de pressão. É como no avião: se as máscaras de oxigênio caírem a sua frente, a única coisa que virá em sua mente com certeza será o desejo de pousar em segurança.

Encontre maneiras legais para despressurizar sua relação naqueles momentos de pressão; eles são inevitáveis, mas podem ser contornados. Não acontecem para separar as pessoas, acontecem para equilibrar as pessoas em relação ao que realmente pensam sobre as situações da vida a dois.

Existem mais maneiras de se promover harmonia entre um casal do que desavenças, a diferença está onde realmente focamos nosso desejo e o que alimentamos mais.

Capítulo 7

Dando metade para ofertar a outra metade

Muita gente reclama que faz de tudo para uma pessoa, esperando um retorno da parte dela e o retorno não vem.

Talvez fazer de tudo não seja a melhor maneira, talvez oferecer tudo de uma vez não lhe dê aquilo que você espera.

Imagine que eu divida uma nota de 100 dólares em duas partes. Uma delas fica comigo, a outra envio para você pelo correio com um bilhete escrito assim: *É só você me ligar que eu lhe dou a outra metade, é só isto mesmo e nada mais.*

E, aí, você liga ou não...

No universo sentimental, sempre ofertar uma oportunidade que precise de um complemento é uma boa maneira de fazer as coisas funcionar.

Não dê tudo, dê metade hoje e a outra metade outro dia: assim você cria uma sequência. As coisas vão parecer mais duradouras, os contatos serão mais voltados aos dois do que aos interventores externos de qualquer relação.

Se tudo é tão legal, por que não continuar ou repetir depois? Um sentimento também se alimenta do impulso do melhor dia, do melhor momento e da melhor lembrança.

A dosagem certa num relacionamento amplia o poder curativo da receita, as pessoas ficam vacinadas contra as picuinhas por mais tempo. Voltam sua atenção para o que realmente importa aos dois.

Divida uma bebida preciosa em pequenas doses e passará mais tempo saboreando-a e mantendo contato com ela.

Pequenas coisas bem planejadas podem ficar na lembrança por mais tempo que um mega-acontecimento único.

Surpreenda sua cara-metade com pequenas coisas em diversos momentos, coisas que ela não espera de você. É com o inesperado que você consegue o melhor. O que esperar de você, a outra pessoa já pensa que sabe.

A surpresa cria momentos agradáveis, mostra uma preocupação carinhosa com a pessoa. Todos gostam de experiências que vão além do óbvio, que sejam uma demonstração de dedicação. Elas reforçam a união dos dois.

Há quanto tempo você não faz uma surpresa para sua cara-metade?

Para que as pessoas possam ficar próximas de nós, temos de dar abertura para que isso aconteça, temos de criar motivos para que isso faça parte do dia a dia.

Sempre deve haver uma metade especial à espera, a qual, para ser utilizada, necessita de um movimento que permita uma aproximação carinhosa.

Por outro lado, o interessante é que, por mais surpresas que se criem para uma aproximação acontecer, elas nunca se esgotam, pois sempre há uma maneira de surpreender.

Não me refiro apenas a presentes, viagens, jantares, mas principalmente a atitudes diferentes de seu comportamento habitual.

Ao menos uma vez, faça algo que a outra pessoa jamais poderia imaginar que você fizesse para tê-la mais próxima. Saber que alguém nos quer por perto é sempre muito bom.

O vento leva o barco, mas o caminho está no mar e não no vento.

Pequenas surpresas amorosas são
uma verdadeira cirurgia plástica no cérebro
e no coração. Elas rejuvenescem mais do que o bisturi.
E as duas pessoas de uma vez.

O verdadeiro sentimento está onde nós o colocamos. Nem sempre pensamos exatamente na outra pessoa. Há gente que adora um determinado eletrodoméstico, compra-o e diz: – Meu amor, comprei para você. – Na verdade, é mais para ele do que para ela. Os homens fazem isto demais e pensam que elas acreditam.

Pense mais onde e como vai manter em posição de vantagem os seus sonhos de ser feliz com alguém, pense mais onde e como vai fazer o que está em seu coração ser reconhecido pelo coração da outra pessoa.

Quando dois corações conseguem demonstrar o que realmente estão vivenciando, a plenitude da relação fica inviolável.

Corte pela metade um ato carinhoso de hoje para que ele continue amanhã, eis uma maneira de alimentar a esperança de seu amanhã ser sempre melhor, sem precisar ficar prometendo muito, tampouco fazendo muito todos os dias. Faça pouco todos os dias, mas faça sempre.

Pela porta que entra um coração ferido, entra um coração partido, mas nunca um coração que recebeu reconhecimento e aprendeu que a vida amorosa é um jogo de ofertar, receber e sempre dar o seu melhor.

Capítulo 8

Alma gêmea

Quando se fala em alma gêmea, logo vem à mente das pessoas um referencial interessante: a de que essa alma gêmea é a parte da existência que lhe faltava, a pessoa que realmente vai fazê-la feliz, a solução de todos os seus problemas sentimentais. Para realmente amar é preciso encontrar a sua alma gêmea.

Talvez!

A expressão "alma gêmea" vem sendo utilizada para conceituar a ideia de que em algum lugar há alguém que foi destinado a permanecer com a pessoa.

No universo espiritualista e esotérico, alma gêmea é a pessoa com que você se relacionou durante várias encarnações. Uma pessoa com a qual você viveu emoções profundas de amor, amizade, aprendizagem e uma evolução a dois.

Um elo forte uniu essas almas, pela razão de terem vivido juntas bons e maus momentos, nos quais dividiram alegrias, tristezas, lágrimas, erros e acertos, fortalecendo cada laço a uma nova encarnação.

Acredita-se que você e sua alma gêmea sempre estiveram juntos a cada nova experiência dessas encarnações passadas, fortalecendo a união. Talvez nem sempre como um casal, mas também em outras atuações sociais, como amigos, irmãos, pai e filha...

Em razão desse laço que as une, supõe-se que é comum no primeiro encontro ambos se reconhecerem mutuamente, sentir uma grande afinidade e profundas sensações emotivas sem explicação racional. É um reconhecimento de alma, não de corpo.

Esse reconhecimento pode se dar por meio de relatos nas seções de Terapia Regressiva Evolutiva ou de Vidas Passadas.

Caso já tenha acontecido com você ou esteja vivenciando algo do gênero, observe que a alma gêmea não vem pronta. Ela tem profunda relação com você, mas é necessário estabelecer novos níveis de relacionamento e aprendizado mútuo.

Por não compreender isso, muitas vezes as pessoas passam por esse encontro espiritual, sentem que encontraram sua cara-metade, mas, quando qualquer desafio surge, vão logo dizendo: Eu pensei que era minha alma gêmea, mas me enganei, a gente não combina tanto.

Alma gêmea não tem nada de combinação, é a continuidade de uma peregrinação existencial aos pontos mais profundos de seus sentimentos. É a difícil continuidade de uma meta cósmica a ser cumprida como foi designada pelo universo.

Há muita gente que não reconhece sua alma gêmea; aliás, há gente que deveria procurar uma alma que não seja gêmea, pois já está há gerações de reencarnações tentando acertar as coisas com sua alma gêmea e ainda nem chegou perto.

Dá para ser feliz com uma alma que não seja gêmea?

Muitas teorias foram criadas para serem desafiadas ou questionadas na busca de uma verdade que nos convença, uma verdade que talvez não seja a ideal, mas que seja suficiente para nos convencer.

Os relatos mais interessantes que conheço através dos meus cursos é sempre de pessoas que já se casaram, separaram-se e encontraram alguém com quem realmente são felizes. E dizem: Precisei me separar para conhecer a minha alma gêmea e meu relacionamento dar certo.

Talvez!

Pessoas separadas tornam-se mais maduras em seu comportamento amoroso e sentimental, evitam cometer erros de que tomaram consciência só depois que a casa caiu. Ficam mais cautelosas em suas opiniões, no fundo possuem feridas que não pretendem ver abertas novamente. Por outro lado, algumas pessoas levam tão a sério as dores de uma separação que passam a acreditar que não há ninguém no mundo que poderá preencher o vazio de seu coração.

Dá para ser feliz com quem decidirmos ser felizes e pagar o preço da felicidade. Ela tem um preço, ela exige alguns sacrifícios, e nem sempre nossas forças nos auxiliam a vencer essas etapas.

Quando encontrar alguém que mastigue uma pedra de sal com você e depois o beije no rosto e segure sua mão, parabéns! Talvez você tenha encontrado sua alma gêmea já num estado de evolução capaz de fazê-lo feliz.

Capítulo 9

O aço se tempera no fogo e o relacionamento também

Quando observamos um ferreiro trabalhar, notamos que ele tem um ajudante, em geral mais forte que ele. O ferreiro bate no aço e o ajudante também bate em seguida.

Na realidade, quando bate no aço, o ferreiro apenas indica o local certo para seu ajudante bater com a marreta e a força que fez dele um ajudante de ferreiro.

O ferreiro sabe os locais onde o aço precisa ser batido para atingir a forma que planejou. O aço recebe o fogo e as batidas que vão moldá-lo, por exemplo, em uma espada.

Imagine que o aço sofra uma trinca durante o processo de forja; com certeza, no canto da oficina, existe um lugar onde o ferreiro joga as espadas que trincaram durante a forja, e ali ficam os aços trincados, que talvez mais tarde venham a ser transformados em algo que não precise ser tão forte, através de um processo que exija muito menos de sua capacidade.

Enquanto se tempera e se molda o aço, podem-se ouvir o som das batidas, o tinir do metal e sentir o calor escaldante. Se o aço resistir a tudo isso, vai se tornar uma espada de primeira grandeza.

Se não resistir, será jogado naquele canto onde estão outros pedaços de aços que não suportaram tornar-se ainda melhores. Aquele lugar para onde vão aqueles que jamais conseguirão ser mais que um metal comum.

Quando um ferreiro escolhe o aço para temperar, não tem como saber se a alma daquele metal vai resistir a sua investida de torná-lo ainda melhor, não tem como saber se o aço vai trincar ou não. Ele descobre isso apenas no decorrer do processo. O mesmo acontece num relacionamento.

Escolhemos alguém, ou alguém nos escolhe, fazemos planos e mais planos, mas não temos, assim como o ferreiro, como ver a alma daquela pessoa, para saber se ela vai suportar os golpes que uma vivência a dois vai ter de suportar até se tornar um relacionamento verdadeiro, forte como a espada do ferreiro.

Esses golpes são os mais diversos.

Por exemplo, as pessoas, às vezes, ouvem mentiras de terceiros sobre elas, e precisam acreditar mais uma na outra do que nas calúnias.

Hoje é muito comum casais irem para o canto do metal que trincou por acreditarem em bobagens do tipo: Ah, ele tem uma amante! Ah, ela tem um amante.

Uma doença em um dos dois pode ser outro tipo de golpe: um período em que um deles precisará como nunca do outro sem nada poder retribuir.

Um momento financeiro difícil pode ser mais um desses golpes. Quantos sentimentos terminam quando as mordomias se vão. Basta alguma mudança no padrão de vida e a trinca já aparece.

Esse aço de ferreiro que trincou ao ser temperado para se tornar uma espada, no futuro vai ter de se contentar com muito pouco, pois resistiu pouco, desistiu fácil, quando deveria ter resistido mais.

Outros casais permitem que a trinca aconteça por motivos bobos. Aquelas besteiras de eu gosto de algo aqui, ele gosta de algo ali; eu gosto desta cor, ela gosta daquela cor. Conheço um casal que trabalhou a vida toda para ter uma casa como sempre imaginaram. Quando estavam quase conseguindo, separaram-se durante a obra, e olha que não faltava muito para terminar. Brigavam tanto por cada detalhe que um trinco de porta era o suficiente para ficarem uma semana sem se falar. Quando perguntei a minha amiga por que se separaram quando tudo ia tão bem, ela respondeu: *A gota d'água foi ele querer escolher o azulejo de meu banheiro...* Antes desse fato, pude sentir que cada tijolo daquela obra foi motivo de brigas e o somatório dos detalhes resultou num fato desastroso.

Não existe têmpera do aço sem fogo, também não existe felicidade no relacionamento sem nenhuma adversidade.

Às vezes cobramos demais dos outros e pouco de nós mesmos. Achamos que cobrar dos outros é mais simples do que aceitarmos nossa incapacidade de tornar as coisas mais simples e valorizar o que realmente tem valor num relacionamento.

Procure resistir aos golpes que a vida dá em seu relacionamento. A vida é o nosso ferreiro, fique firme para não ser uma pessoa jogada naquele canto dos aços que trincaram e perderam a possibilidade de cumprir seu destino. O seu destino é ser feliz.

Capítulo 10

Quem se relaciona com alguém, também se relaciona com sua família

Um belo dia, você encontra alguém, sente que ali pintou um clima e, pronto, já está se relacionando.

Um belo dia, você conhece a família da pessoa com que está se relacionando e pensa que será superlegal, todos devem ser como ela, você vai ter outra família.

Nem sempre!

Pode ser que sim e pode ser que não. Por isso, prepare sua paciência e seu poder de engolir sapos, cobras e lagartos.

Esse comportamento poderá mantê-lo com a pessoa que você ama de uma maneira mais pacífica. Isto não quer dizer que a relação será sempre muito pacífica.

Olhe para sua sogra: assim será, pelo menos em 60%, a mulher que você escolheu. Olhe para seu sogro: assim será, pelo menos em 70%, o marido que você escolheu.

Não é algo que escolhemos. Pense bem, fomos criados por aquelas pessoas, é normal que tenhamos herdado delas um sistema comportamental que durante algum tempo exerça influência em nossas atitudes e em nosso modo de ver as coisas.

Quando crianças, os homens são criados 80% por mulheres, e as mulheres, 80% por mulheres. Se as mães melhorarem, os homens do futuro serão o que realmente as mulheres esperam.

Somos um reflexo do meio que nos dá afeto, temos nossos "chiliques". Quanta gente poderia ser feliz se morasse numa ilha com sua cara-metade. Mas não é bem assim. Quando se tem um relacionamento com alguém, todo o círculo dessa pessoa está indiretamente exercendo influência sobre ela.

Quando se coloca uma ferradura num cavalo, quem a coloca deve, antes de bater no cravo, dar uma batida na ferradura, para não assustar muito o animal. No meio diz-se: "uma no cravo e outra na ferradura".

Bater de frente com a família de sua cara-metade é como mostrar uma foto de um cilindro de oxigênio de mergulho para uma pessoa que está se afogando. Imagine só: pai, mãe, irmãos, irmãs... Eis aí um esquadrão de frente que talvez não tenha resolvido nem suas diferenças internas e chega você, de origem tribal diferente, querendo ter razão em alguma coisa. Meu amigo, minha amiga, pense bem se realmente vai conseguir.

Quando se escolhe alguém, não se escolhe a família, mas a pessoa que tocou seu coração. Há muita gente que me escreve dizendo que vai se separar em razão do sogro, da sogra, dos cunhados, e olha, são muitos que realmente se separam. Unir tribos de diferentes regiões não é tão simples, requer respeito aos limites de cada um e muita cautela na conduta.

Não se deve dar tanto poder aos familiares da outra parte. O poder maior tem de estar com seus sentimentos em relação à pessoa com que você está convivendo, ela é sua meta. A família pode ser ou não um complemento da relação a dois. Se for, parabéns, preserve-a; se não for, preserve-se.

Entenda também que algumas famílias carregam uma influência daquelas pessoas que as originaram, e no passado nem tudo era um mar de modernismo como hoje, as pessoas ficavam noivas e só tinham relações íntimas depois de casadas. Às vezes, também é muito difícil para um pai e uma mãe tentarem compreender como a pessoa ideal para seus filhos não é exatamente como eles, pais, imaginaram.

Aceite essa convivência repleta de desafetos, diferenças e raros momentos de alegria, mas não transfira para a pessoa que você ama problemas relativos à sua família ou à dela. Se uma família tem poder para unir um casal, ela o tem em triplo para separar.

Talvez o criador, quando tentou expulsar Adão e Eva do paraíso, tenha parado e pensado melhor. Voltou atrás e disse: Eu não vou expulsá-los do paraíso, vocês podem ficar, mas vou condená-los a viver eternamente em família.

É importante utilizar a força da família para harmonizar as coisas, fortalecer os elos, criar novas raízes e acreditar que o amor pode vencer se vocês a tiverem como uma forte aliada. Seu relacionamento no futuro vai gerar uma família, somos um reflexo daquilo que aprendemos, consciente ou inconscientemente. Para sermos melhores amanhã, é necessário sermos bons hoje também.

Nossa história é escrita com letras de nosso próprio punho, com as palavras de nossa própria boca, com o brilho de nosso olhar e com os sentimentos de nosso coração.

Capítulo 11

O magnetismo caseiro

Estar com alguém determina muitas coisas em nossa vida, pode nos colocar num estado de graça, ou não. Porém, se quiser atrair coisas realmente importantes para sua relação, faça tudo para que suas ações não contradigam seus desejos.

Quando se colocam dúvidas numa relação, elas criam vida própria, e dúvidas só têm uma função: afastar as pessoas e tornar a relação cada vez mais insegura.

Nossos sentimentos em relação à pessoa que amamos determinam nosso comportamento. Quando nos sentimos bem numa relação, criamos um futuro compatível com nosso desejo de ser feliz.

Quando se queixa muito da pessoa, fatos que podem ampliar essa maneira de ver aumentam sua influência e fluência.

Numa relação, temos mais daquilo que damos do que daquilo que imaginamos dar.

O amor é um evento espiritual, uma energia que muda de forma de acordo com a essência de quem o estabelece. Quando damos uma forma sofredora a nossa relação, devemos lembrar que somos nós que estamos criando essa forma. Quando só encontramos pessoas com as quais achamos difícil conviver e manifestar nossos sentimentos, somos nós que estamos criando essa forma.

Precaver-se demais para não sofrer pode trazer mais infelicidade do que você imagina.

Às vezes, antes de encontrar a pessoa com quem se relaciona, você já imagina como ela vai reagir a algo que irá propor, e se prepara para revidar algo que ainda não aconteceu de verdade, só em sua mente. Em vez de chegar com flores, você já chega com o humor e disposição de quem brigou por algo que ainda não foi nem discutido pelo casal.

A mente fica devaneando: "Ah, o que será que ele vai dizer...", "Ah, o que será que ela vai pensar...". Essas respostas não estão ao nosso alcance antes de sabermos a opinião da outra parte. Você vai ao encontro da cara-metade já pensando: "Hoje vai ser um dia daqueles. Com certeza vamos sair com aquele casal de amigos chatos e a noite vai ser um 'porre'". Assim que você encontrar sua cara-metade, adivinhe quem vai convidá-lo para sair: acertou, o casal de amigos chatos.

O amor possui um magnetismo para unir pessoas, mas precisa ser decifrado para mantê-las unidas.

A união é como apenas encontrar o mapa, no entanto, para percorrer o caminho, são necessárias habilidade, dedicação, perseverança e muita, mas muita esperança na felicidade. Acreditar que, para fazer seu anseio amoroso acontecer, você deve colocar o melhor de si à disposição da outra pessoa e a outra pessoa colocar o melhor dela à sua disposição.

Lembre-se, esse magnetismo tem a forma que damos a ele. Imaginar que influências externas podem atrapalhar seu relacionamento é como colocar uma placa na porta de sua relação: INFLUÊNCIAS EXTERNAS, SEJAM BEM-VINDAS. O mesmo acontece com qualquer tipo de ação que faça de seu terreno amoroso um campo minado.

A energia investida para se resguardar de tudo que pode dar errado numa relação tem o mesmo potencial da energia que podemos investir para tudo dar certo num relacionamento. O esforço é o mesmo, nosso direcionamento é que precisa ter definição positiva. O magnetismo caseiro está disponível em nosso interior, gastamos a mesma quantidade de energia quando emburramos com a cara-metade do que quando sorrimos para ela.

Existe algo em nosso comportamento que precisa ser compreendido e usado a nosso favor: o poder de fazer melhor aquilo que nos faz felizes é apenas nosso.

Podemos querer da vida muitas coisas diferentes no plano material, mas, no plano sentimental, as necessidades são lineares: buscamos apenas o prazer de sentir que somos importantes para alguém, a certeza de estarmos amparados por um coração e a perspectiva de que o dia de amanhã será muito mais interessante que o de hoje.

Quando plantar um pensamento rumo ao coração da outra pessoa, terá de criar uma ação com o mesmo destino.

É muito mais simples sentir o vento do que tentar aprisioná-lo para fazer uso dele apenas quando lhe for conveniente.

A liberdade, quando imposta em regras unilaterais, é apenas uma esperança de felicidade. O magnetismo do amor, quando existente, mas não utilizado, é apenas uma esperança de amor.

Capítulo 12

Será que amar realmente vale a pena?

Talvez você já tenha passado por uma desilusão sentimental que lhe deixou feridas das quais você pensou, na época, nunca poder se recuperar.

Talvez seu sonho de amar tenha sido desfeito por alguém que você pensou ser merecedor de toda sua dedicação e declarações sentimentais.

Talvez você tenha conhecido de perto a dor do amor e prometeu a si que isso jamais ocorreria novamente. Trancou-se em sua vida, isolou-se de tudo e de todos, radicalizou seu comportamento, empedrou seu coração e aguarda que algo mude para você mudar.

Hoje a pergunta que você mais se faz é: "*Será que amar realmente vale a pena?*"

Sofremos por amor quando apenas um dos dois se prepara para amar, sofremos por amor quando apenas um dos dois se dispõe a fazer o que precisa ser feito para que o relacionamento dê certo.

Uma pessoa que ama não fica esperando que o melhor aconteça, ela luta para que o melhor aconteça na vida dos dois. Procurar entender o amor e suas tênues linhas é como tentar decifrar um mistério que não pode ser decifrado, pois foi feito apenas para ser vivido.

Muita gente tenta decifrar quando deveria vivenciar seus sentimentos. E torna-se uma pessoa limitada na compreensão de sua cara-metade por conhecer apenas a si mesmo.

Amar é sofrer; não devemos tentar sistematizar nosso sentimento e o da pessoa com a qual convivemos. O amor não pode ser sistematizado como uma estratégia, ele tem ciclo próprio de condução, as pessoas precisam de maturidade para sentir esse fluxo. Mas, em geral, se não pudermos medir, mensurar, aprisionar e colocar um botão de *on-off*, sentimos que não foi feito para nós.

Sofrer por amor não é fácil, só quem já trilhou por essas bandas sabe o tamanho da dor.

Mas, quando uma luz surge nessa escuridão, uma nova esperança bate em nosso coração. Talvez a mais sublime característica do amor seja a esperança.

Um amor não morre naturalmente, ele é assassinado aos poucos pela negligência, pelo abandono, pela indiferença, pela omissão, pelo tédio e por não ser alimentado.

Sentimos o pulsar da vida quando respiramos. Assim é o amor, podemos sentir seu pulsar quando amamos. O amor é aquilo que acontece enquanto perdemos tempo com detalhes que fazem parte da vida e não dos sentimentos.

O amor não amadurece com a idade,
mas com a intensidade com que é vivido.

Precisar de alguém é diferente de amar, ter de conviver com alguém por razões adversas é diferente de amar. Condenar-se a aturar alguém é diferente de amar. Muitas pessoas vivem essas situações e aí, claro, pensam que amar não vale a pena.

Amar é cooperar na direção dos sentimentos mútuos que afloram em seu coração pela pessoa que você escolheu, deixando que a delicadeza das atitudes possa definir seu interior.

O medo de entregar-se sufoca o prazer de estar amando.
Muita gente fica atropelando seus sentimentos
com medo disso, daquilo e daquilo outro.

Quando a vida a dois é limitada a um convívio passivo ou por conveniência, amar realmente não vale a pena. Mas, se sentirmos vontade de fazer e fizermos umas loucurinhas sentimentais ou umas firulas românticas, vamos despertando valores importantes para manter e ampliar a chama de uma união.

Quando uma atmosfera de segurança se forma numa relação, tudo começa a valer a pena, criando um equilíbrio das emoções e das atitudes. Ao mostrar e perceber que cada um está tentando fazer o outro feliz e o melhor, ambos reconhecem o que está acontecendo e fortalecem suas convicções amorosas.

É triste saber o que precisa ser feito mas não fazer. Além de causar um vazio imenso, afasta-nos daquilo que desejamos viver com a pessoa que está ao nosso lado.

Vale a pena amar, mas só quando você prepara seu coração, seu intelecto, seu jeito de ver as coisas e procura meios de tornar-se melhor, com o objetivo de ser feliz. A felicidade precisa de investimento, não vem sozinha, ela está onde nós a colocamos e trabalhamos por ela.

Nunca conheci alguém que conheceu o amor e disse não valer a pena. Em geral, dizem: "Dá um pouco de trabalho, mas vale a pena amar".

Capítulo 13
O lado frágil

Embora o conhecimento sobre relacionamentos tenha tido significativos avanços, muitos casais ainda tendem a considerar um deles o lado frágil.

Geralmente, a mulher é vista como o sexo frágil. Mas lembre quando um homem fica doente em casa. Pode ser uma simples gripe, mas o cara parece um neném. Nesse caso, a mulher se coloca na posição segura de protetora e cuida do marmanjo.

Não acredito que homem e mulher possam disputar quem realmente dispõe de mais fragilidade. O que importa nessa avaliação é que as pessoas entendam que ambos os sexos são diferentes.

Quando se caminha nessa linha de compreensão, não há sexo vitimado pelo outro, nem disputa pela audiência, apenas uma saudável manifestação da elevação da autoestima, da confiança mútua, de cooperação ampliada e um sentimento mais promissor.

O que era ressentimento e desconfiança vai se transformando em emoções mais nutritivas, que de fato alimentam e dão mais vida ao relacionamento.

Um relacionamento não tem de ser uma batalha ou um duelo de sexos para saber quem tem razão. Não existe razão em casos de amor, o próprio amor vem meio sem razão. Por mais explicação que se busque, todas nos levam a uma inexplicável maneira de encarar os fatos.

Resistir ao fato das diferenças entre os sexos ou tentar mudá-las é uma inútil e cansativa luta contra algo que não se pode vencer, apenas compreender e aprender a conviver.

Sem essa compreensão, as disputas podem ocorrer pelas coisas mais banais e acabar transformando-se em muito reais e complexos problemas. Por outro lado, ao lembrar-se da realidade da diferença, as pessoas ajustam seu comportamento e produzem respostas mais adoráveis do que desprezíveis.

Ter boas intenções para com alguém já não é suficiente. Talvez o fosse no tempo de nossos pais e avós, mas, hoje, a boa intenção é apenas uma das coisas que precisamos ter para dar início e manter um relacionamento. O amor não mais se mantém somente pelo sentimento inicial.

Ele é um elemento vivo e, como todo elemento vivo, sofre transformações a todo momento. Quando não encontra o oxigênio que o faz respirar, faz uma triste despedida. Ele é tão cheio de vida que parece eterno, e tão estranho de se entender que tentamos agarrá-lo e não vivenciá-lo de maneira a podermos aprender com ele.

O respeito pelas diferenças é a primeira oportunidade que o amor precisa para dar início ao seu ciclo.

Homens reclamam das mulheres, as mulheres reclamam dos homens, e um tempo precioso é desperdiçado. O caminho seria procurar entender as razões de a mulher pensar redondo e o homem pensar quadrado. Quem conhece a causa consegue aperfeiçoar o efeito.

As diferenças, muitas vezes, nos incomodam pelo fato de nos despertar de hábitos que não nos deixam ver uma realidade que precisa de esforço e empenho para ser vivida ou por nos colocar frente a frente com partes de nós mesmos a que não damos importância e julgamos imutáveis.

Insistir num confronto em vez de um encontro de diferenças é injetar no amor pequenas e cumulativas doses de veneno.

O verdadeiro lado frágil do amor não está no homem nem na mulher, está na maneira pela qual eles decidem conduzir suas vidas unidas. O lado frágil do amor é aquela parte do relacionamento que, por alguma razão, ao invés de cultuar, agredimos; ao invés de afagar, ofendemos.

O amor é forte para enfrentar qualquer coisa que tente dissolvê-lo, mas é frágil em relação às duas partes envolvidas quando elas o ignoram, ofendendo-se mutuamente, ou mesmo desprezando aquilo que fizeram e têm de melhor.

O lado frágil está nas atitudes que, ao invés de nos unir e aproximar da pessoa, nos afastam silenciosamente. O lado frágil não reclama, apenas sente a dor, uma dor que o faz menor a cada momento e aumenta o vazio dentro do coração. Mais frágil que um dos sexos é o sentimento que cultuam entre si, forte o bastante para causar fortes emoções, mas fraco quando não respeitado e tratado com indiferença.

Capítulo 14

Quem critica esquece, quem é criticado não

Você já reparou que quase todo mendigo tem um cachorro por perto? Isto acontece porque ele tem no cachorro, em muitos momentos, sua válvula de escape.

Existem alguns casais que são incapazes de ficar muito tempo olhando-se sem dizer nada. Parece que o silêncio e a contemplação são difíceis de serem implantados. Basta um momento de quietude e lá vem um dos dois levantando uma crítica ou ressaltando um defeito do outro.

Críticas e defeitos representam um risco muito grande; quando começam, alimentam-se sozinhos e crescem como bolo cheio de fermento, perdem a dimensão e vão por caminhos distantes do coração.

O interessante é que, muitas vezes, os dois possuem muito mais qualidades que defeitos, mas, ao invés de ressaltarem as qualidades, ficam concentrados nos defeitos, como se fosse impossível conviver com alguém com muitas qualidades e um defeito irreparável.

Para cada suposto defeito na pessoa amada, faça um esforço para encontrar contrapontos; logo vai descobrir que, para cada defeito, a pessoa que você ama tem pelo menos duas qualidades importantes e de muita valia para seu relacionamento.

Mantemos nosso foco nos pontos fracos
por puro egoísmo e vontade impiedosa de exercer
nossa necessidade de apontar defeitos.

Muitos desses pontos só são defeitos aos nossos olhos, pois, sempre que medimos o comportamento e as atitudes de alguém, usamos as medidas de nossa própria régua.

É preciso acabar com essa mania de apontar supostos defeitos que agridem a parte contrária. Tanta coisa boa para se construir juntos, tantos sentimentos prontos para plantar felicidade, tantos beijos e abraços a serem dados, e tudo isto é perdido por olhos que estão voltados para a direção oposta do amor.

Nem sempre defeitos são defeitos, nem sempre um defeito vai
prejudicar seu relacionamento; eles possuem o tamanho,
a importância e o valor que atribuamos a eles.

Afinal, por que pequenas coisas incomodam tanto e causam desavenças? É simples: muita gente quer que as coisas sejam do seu jeito e ponto. Quem procura fazer as coisas do seu jeito num relacionamento, até pode fazê-lo, mas irá fazê--lo na solidão.

Certa vez, eu estava num jantar, daqueles cheios de "teretetê", onde um fio de cabelo fora do lugar já causa movimento de bocas.

A pessoa que estava ao meu lado fez um comentário, daqueles em que o veneno escorre até pelos poros, a respeito de uma convidada que estava do outro lado da mesa:

– Nossa, veja aquela mulher, nem sabe segurar um talher; esse tipo de gente não deveria se sentar numa mesa como esta...

Perguntei-lhe a qual pessoa estava se referindo, e ela disse:

– Aquela ali, veja que coisa mais sem classe...

– Ah! Aquela que está ao lado de fulano – respondi.

– Aquela mesma, figurinha horripilante, o senhor a conhece?

– Claro que conheço, senhora. É esposa do fulano ao lado dela, um homem que passou por muitos problemas de saúde, esteve perto da morte muitas vezes. Ela tem sido uma das mais exemplares esposas que conheço, nunca saiu do lado de seu marido. Repare que ela não consegue segurar direito o talher por causa de uma lesão na mão. Há pouco tempo, ao tentar auxiliar o marido, caiu e ainda luta para voltar a ter os movimentos normais da mão. Observe que está segurando o talher com a mão ruim. Olhe bem onde está a mão boa, está segurando a mão do marido. Essa mulher tem uma atividade social muito intensa, apesar desse problema e os de sua casa; ela é voluntária em algumas entidades e atualmente está lutando e vencendo um câncer em estágio inicial. Tem três filhos que recebem dela amor, carinho e atenção. E ainda encontra tempo para prestigiar um jantar como este, onde algumas burguesas-jecas colocam-se em pontos estratégicos para ampliar sua visão "*ferifèrica*".

Nem preciso contar o que veio depois... o chilique da perua angolana foi a noventa da "escala rixa".

Quando algum defeito vem à tona, é necessário que nossa atitude seja de enaltecer as qualidades da pessoa; afinal, todos temos supostos defeitos, que são, na verdade, fendas em nossa formação aos olhos de uma cultura que nem sempre nos deu as oportunidades que realmente desejávamos.

Você tem muitas coisas melhores que um defeitinho ou outro e sua cara-metade também. Enalteça o que é bom e viva melhor.

Capítulo 15

O segredo da paixão

Quando um romance começa, ele não é uma emoção, é um estado que cria motivação para alguns de nossos comportamentos vitais.

O fato de essa sensação estar ocorrendo é uma recompensa produzida por caminhos antigos de nosso cérebro, assim como as sensações que nos motivam a comer e beber. Essa sensação se torna algo que nos arrasta e a pessoa do outro lado passa a ser o objetivo de nossa vida.

Uma experiência realizada por Lucy L. Brown, neurocientista da Faculdade de Medicina Albert Einstein de Nova York, e pelo psicólogo Arthur Aron usou imagens de ressonância magnética funcional para ver como os cérebros respondiam à imagem da pessoa amada, em contraste com a de uma pessoa conhecida – como amigos, colegas ou alguém famoso. A figura da pessoa amada ativava nos apaixonados o sistema neural inconsciente associado à recompensa, o qual foi desenvolvido pelos mamíferos para encorajar comportamentos vitais, alguns com sinais mais fortes que outros nas áreas corticais envolvidas na cognição e na emoção.

Apaixonar-se, portanto, encoraja nossos comportamentos vitais.

Por outro lado, o fim de uma relação amorosa cria uma sobrecarga psíquica e física que parece nos destruir e, no final, nos prepara para recomeçar de alguma maneira.

Todo final de paixão causa uma revolução em nossa conduta emocional, ainda mais se formos pegos de surpresa.

O que era um encorajamento a nosso comportamento vital muitas vezes se transforma em raiva, insegurança, carência, saudade, dor e vontade de vingança, para dar um toque final nesse coquetel de emoções degenerativas.

Não interessa qual seja a reação, o laço do sofrimento nos aperta, nos bloqueia e vai nos tirando de nossa linha de conduta.

Se um final nos traz tantos problemas, deveríamos ter forças para esquecê-lo e recomeçar de novo, mas não é bem assim.

Quando nos apaixonamos por alguém, criamos uma atividade cerebral em duas regiões: nas partes do núcleo caudado e da área tegmentar ventral direita no mesencéfalo.

Em ambas as regiões há células neurais que se comunicam através da substância mensageira, a dopamina, e reagem de forma sensível àquilo que causa bem-estar – como alimentos de que gostamos, ou mesmo apenas diante da chance de prová-los. O fato de a paixão estar relacionada a esse "sistema de recompensa" mostra que o que estamos habituados a conhecer como "sentimento" é um estado de motivação. Um cenário não tão romântico. Preferimos as tramas do destino que nos unem e nos separam aos mecanismos neurológicos, cuja função é aplacar uma necessidade biológica e garantir a sobrevivência de uma maneira melhor.

Essa mesma equipe de cientistas estudou a atividade cerebral de pessoas apaixonadas, porém infelizes por terem perdido a pessoa amada. Embora os pesquisadores reconheçam não saber com precisão o que se passa no cérebro das pessoas nessas situações, admitiram que, aparentemente, a elevada atividade na área tegmentar ventral direita no mesencéfalo e em regiões do núcleo caudado ligadas a ela continuam, como se o relacionamento estivesse indo bem, mesmo tendo terminado.

Eis talvez o segredo da paixão, e a razão de nos causar dor ao acabar: nosso cérebro continua amando, em conflito e ao inverso de nosso corpo, que experimenta a realidade de estar sofrendo.

Numa separação, primeiro vem o protesto, em seguida o desespero. No protesto, a pessoa tenta obstinadamente recuperar seu amor, tenta entender o que deu errado e como poderia recuperar e acertar as coisas. Essa reação está conjugada com a dopamina e a noradrenalina, neurotransmissores que aumentam o instinto de vigilância, fazem com que a pessoa solitária reconheça a falta e busque o que necessita. Isso explica cientificamente o fato de, logo após o abandono, o interesse pela pessoa perdida ficar mais intenso.

O amor também tem essa característica de nos causar uma travação neuronal.

Melhor que sofrer por amor, é aprender a ser feliz por amor, a natureza humana nos dá essas duas possibilidades, nosso empenho no desenvolvimento de competências sentimentais vai definir com qual das duas teremos de conviver.

Capítulo 16
Casar ou não casar

Com a chegada da pílula anticoncepcional em 1960, casar ficou em segundo plano, mas manteve-se na moda.

São 3 mil anos desse ritual até o século XIX, quando a rainha Vitória da Inglaterra deu início ao estilo núpcias.

Ninguém ainda descobriu ao certo quando os casais começaram a decidir se casar. O mais antigo contrato nupcial data de 900 a. C., no Egito, mas o ritual de união já existe há muito mais tempo.

Não há muitos registros na Antiguidade, pelo fato de o casamento se dar de maneira informal. Naqueles tempos, a mulher era raptada pelo pretendente e apenas raros grupos sociais a valorizavam como ser humano. As mulheres eram consideradas simples mercadorias e serviam como moeda para solucionar crises entre povos.

No século XII, aproxima-se o final dessa prática mercantilista e, com o suspirar do Renascimento no século XV, desponta o amor romântico, onde os sentimentos começam a prevalecer sobre os interesses.

No século XIX, quando a rainha Vitória escolhe o próprio marido, começa a decadência da era da mulher prometida, ainda presente em algumas culturas, nas quais a noiva só conhece o noivo no dia do casamento. Era o início do estilo ocidental de casar-se.

Hoje as coisas estão muito mais evoluídas, facilitando a vida para quem deseja casar-se. Isto não significa que o ritual do casamento tenha influência sobre a felicidade dos noivos.

Há pessoas que fizeram festas maravilhosas para comemorar seu casamento e pouco tempo depois estavam separadas, simplesmente por incompatibilidade de gênios, um motivo que quer dizer: nem sei ao certo por que estou me separando. Depois dão início a uma busca por algo que já estavam vivendo.

Quando recomeçam, levam consigo todos os vícios do fracasso matrimonial anterior e logo estão na mesma malha retalhadora.

O amor não requer apenas um casamento para perpetuar-se na vida das pessoas, o casamento é um símbolo e um ritual que lembra a importância da união e o valor da formação de uma família abençoada pela Igreja, por um cartório e por Deus.

O casamento não consegue manter juntas pessoas que não sabem amar, que não respeitam seus sentimentos e os abandonam como se fossem descartáveis.

Em certos casos que me chegam através das correspondências que recebo, percebo que algumas mulheres ainda são raptadas de sua privacidade pelo seu pretendente e tratadas como mercadoria.

Casamento não significa que você agora tem alguém em quem mandar, alguém que vai fazer tudo que você quer e sucumbir aos seus desejos de posse.

Conheço pessoas que não se casaram e são parcialmente felizes, conheço pessoas casadas que são plenamente infelizes.

Casar não é a questão, a questão é se você realmente vai honrar, com a vitalidade de seu amor, a pessoa que está levando consigo, se realmente vai ter a disposição de praticar todos os requisitos que um amor tem nas entrelinhas.

Casar não é a solução nem o problema, é apenas um dos passos que podem ser dados em direção à felicidade, o símbolo de que algo maior está por vir em sua vida sentimental, uma lanterna para guiá-lo no caminho da luz ou da escuridão. Depende de como e se você vai conseguir manter a chama acesa.

A mulher tem características que podem ser chamadas de mais adaptáveis ao casamento; o homem já é mais rústico, às vezes ainda reportando a seu comportamento a culturas mais antigas, menos desenvolvidas, como as tribos bretãs e germânicas, quando, ao se desejar uma mulher, simplesmente se a capturava e levava embora, ou como a cultura grega, que também tinha esse costume. Na mitologia há vários casos, como o de Helena, filha de Júpiter, que fora raptada por Teseu e depois resgatada pelos irmãos. Tempos depois, quando casou com Menelau, foi levada novamente, dessa vez por Páris, que a carregou para Troia, dando início a uma guerra de dez anos.

Nestes novos tempos, raptar uma mulher que o ama talvez ainda seja romântico, mas o que vem depois não sobrevive somente com o romantismo.

Desde os egípcios até a Idade Média, a autorização dos pais era fundamental para a concretização do casamento; hoje é apenas um gesto formal. E, quando o pedido era aceito, o rapaz tinha apenas o direito de tocar na mão da moça até o dia do casamento. Nas civilizações grega e romana, o noivado devia durar cerca de um ano e quem o rompesse angariava a cólera dos deuses. Na Idade Média, a Igreja punia o rompimento com excomunhão de três anos para as duas famílias. Pedir a mão da mulher era coisa séria naqueles tempos.

A noiva deixa o braço do pai para se apoiar no braço do futuro marido. Esta é a razão de o pai levar a noiva até o altar. Essa tradição tem um significado literal: é a transferência da autoridade sobre a mulher do pai para o marido, sem intermediários.

Na Idade Média, os banquetes de casamento duravam vários dias; quanto maior o clima de fartura, maior a promessa de fortuna e fertilidade para o casal. Entre os bretões do início da era cristã, o rito nupcial consistia apenas em comer e beber durante três dias. Os convidados deviam adorar, os noivos deviam mais querer se mandar.

A troca de alianças já era comum entre egípcios e romanos, mas só foi considerada essencial no casamento a partir do século XVI, com o Concílio de Trento. Seu uso no dedo anelar da mão esquerda teve origem entre os egípcios, pois eles acreditavam que havia uma ligação direta desse dedo com o coração.

Os romanos já faziam oferendas a Júpiter com uma espécie de bolo. Os primeiros pedaços deveriam ser divididos entre os noivos, e as migalhas que sobrassem eram derramadas sobre a cabeça da noiva num ritual de fertilidade. Com a evolução da *pâtisserie*, no século XVII, apareceram os primeiros bolos brancos com a decoração detalhada.

O véu era o elemento mais importante na roupa da noiva romana. Devia ser laranja, simbolizando a chama de Vesta, deusa do lar. Seu objetivo era preservar a pureza da noiva dos olhares cobiçosos. Na Idade Média, ele foi foi proibido nos casamentos da realeza, para evitar o risco de troca da noiva. O véu ficou proibido por trezentos anos, só voltando à moda depois.

O buquê, um símbolo da fertilidade, já era levado pelas noivas romanas. Eram buquês de ervas com aromas fortes; acreditava-se que podiam espantar os maus espíritos e que tinham poderes afrodisíacos. Mas há casamentos que não dão certo nem se o buquê for de arruda e pimenteira.

Na Antiguidade, as noivas eram apenas crianças, e, na hora de se vestir, precisavam da ajuda das irmãs. Na cerimônia, as pequenas damas tinham a função de proteger a noiva de espíritos ruins em seu cortejo até a igreja. Para confundir esses espíritos, elas usavam roupas iguais à da noiva. Conhecidas como damas de honra, as pequenas já tinham uma missão difícil naquela época.

Em tempos em que se acreditava que os espíritos eram responsáveis por quase tudo, eles significavam uma ameaça constante também à fertilidade. Para poupar a frágil noiva dos malefícios de eventuais malfeitores etéreos escondidos no chão, na entrada da casa nova, o noivo carregava sua amada no colo e entrava com o pé direito na novo ninho de amor.

Na Antiguidade, como o satélite da Terra tinha uma conotação de inconstância, a lua de mel servia para lembrar o casal de que, assim como as fases da Lua mudam, o afeto (mel) também pode aumentar e diminuir. Para remediar o assunto, os noivos tinham o ciclo de uma Lua, praticamente um mês, para esquecer os afazeres diários e se dedicar aos seus prazeres amorosos.

As noivas cristãs optam pelo mês de maio por ser este o mês dedicado a Maria, considerada uma protetora das uniões. De acordo com a Bíblia, foi a pedido da Virgem que Jesus realizou o seu primeiro milagre: a multiplicação dos pães e do vinho numa comemoração de casamento.

Você notou que não é de hoje que uma série de mitos e rituais acompanham o casamento, a fim de que ele possa receber uma conspiração nutritiva para realizar a felicidade das duas pessoas diretamente envolvidas.

Mas ainda não é o suficiente, é necessário um envolvimento e um compromisso sobrenaturais durante essa união para que ela se torne a realização do sonho daquele amor dos contos de fada.

Capítulo 17

Entre pétalas e espinhos

Todo par amoroso tem seus momentos de ímpar amoroso. Eles surgem nas brigas, sejam elas longas, curtas, instantâneas ou passageiras.

Quando o casal está em momento de estresse, o corpo libera adrenalina e cortisol que, somados aos ânimos agitados, fazem a lenha queimar mais rápido na fogueira.

Quando o circo está pegando fogo, a reação da mulher é explicar suas ideias, sentimentos e reações com uma diversidade ampla de expressões emocionais. A reação do homem, graças à testosterona, é tentar resolver o problema o mais rápido possível, manifestando as suas ilustres soluções de uma maneira muito simples e distante, deixando nelas a impressão de que não estão sendo ouvidas mais uma vez. De um lado, ele quer estar certo, e, do outro, ela está preocupada em obter o que precisa.

As mulheres, durante uma briga, fazem perguntas e falam, o homem quer agir; elas ficam com jeitão de emotivas, insensatas e exigentes, já eles ficam com jeitão de arrogantes, virtuosos e completamente insensíveis. Então, a partir destes opostos ambos se provocam.

Começam as pinceladas de falta de gentileza, respeito; despejo de frustrações, busca de falhas, impaciência, intolerância, agressões verbais e irritabilidade excessiva. Então, a casa cai.

Em determinadas fases de um par romântico, parece que tudo é motivo para briga, além dos mais comuns como: dinheiro, compromissos, sexo, responsabilidades para com a família, etc.

Alguns casais, se não têm motivos para brigar, encontram um rapidinho. Parece uma espécie de vício emocional pela química que uma briga faz surgir em seu metabolismo.

O real motivo da briga escorre entre as línguas afiadas e os dois tornam-se oponentes perversos. O que era uma simples discórdia por um assunto vira quebra do tratado de convivência pacífica. Lá se vai a visão do problema e chega a cegueira do egoísmo, só para sair abanando a vitória na cara da outra pessoa.

Tem homem que briga, arrasa o coração dela e depois quer fazer sexo como se nada tivesse acontecido. Para boa parte delas, naquele dia ou é uma coisa ou é outra, ou briga ou sexo; os dois juntos sem chance, não cabem no perfil feminino.

Elas estão certas. Os homens precisam entender mais sobre como terminar uma briga com uma mulher; o assunto tem de ficar esclarecido, amparando e fortalecendo a autoestima delas.

Muitas brigas entre os casais os deixam focados demais em provar seus méritos, seus pontos de vista e acabam ignorando por completo as necessidades mútuas de obter compreensão. A coisa vira um debate, um julgamento com condenação imediata e aplicação da pena em seguida, uma verdadeira competição por caminhos às vezes sem volta ou reparos.

Existem certos gestos e palavras que ferem mais uma pessoa do que se pode imaginar.

Ele e ela têm comunicação e recepção de informações diferentes, o remédio para um pode ser veneno para o outro. É necessário ter uma consciência climática antes de colocarmos em pauta aquilo que pensamos ou sentimos; caso contrário, alimentamos uma caldeira que pode ferver por muito mais tempo do que imaginamos.

O amor é uma inconsequência. Se levarmos em conta tudo que é necessário para viver um grande amor, tenho certeza de que não embarcaríamos nessa grande viagem. Mas, quando decidimos por ele, não podemos ser pessoas rasas como lagoa de pouca água, onde não dá peixe e nem pato consegue nadar. Temos de fazer com que aquilo que sentimos tome conta de todas as nossas partes.

O que as pessoas possuem de mais precioso é o seu tempo, e, quando decidem pelo amor, o mais precioso não é o sentimento, é o tempo que vão se dedicar mutuamente; o tempo não para nem volta, apenas segue em frente.

Entramos num relacionamento esperando muito e vamos aos poucos nos acostumando a receber bem menos do que esperávamos, acreditando que alguns instantes de felicidade podem nos proporcionar uma vida de felicidade. Somos felizes quando conseguimos fazer a outra parte entender e sentir tudo que temos para oferecer com nosso jeito de amar. Espinhos machucam, mas também podem proteger, pétalas são lindas, mas o vento as leva, ficam na lembrança e podem sempre nos inspirar nos momentos em que o amor se faz presente.

Capítulo 18

Entre uma diferença e outra

De acordo com alguns geneticistas americanos, a diferença fundamental entre homem e mulher não está num par de cromossomos, mas num gene chamado TDF (iniciais em inglês de "fator determinante de testículos").

Desde 1950, tinha-se conhecimento de que o sexo com que se nasce é determinado por um dos 23 pares de cromossomos do ser humano: o sexo feminino possui o par XX e o masculino, XY. Descobriu-se que não é um cromossomo inteiro, X ou Y, mas apenas um único gene que determina o sexo, um único gene entre cerca de 100 mil que formam a hereditariedade do ser humano.

Esses pesquisadores descobriram o gene TDF dirigindo seus estudos aos cromossomos de pessoas geneticamente anormais, ou seja, mulheres com par XY e homens com par XX – casos raros, que ocorrem na proporção de 1 em 20 mil, sendo os portadores desses pares de cromossomos estéreis. Os cientistas notaram que faltava um pedacinho no cromossomo Y das mulheres e que, nos homens, havia um pedaço de cromossomo Y preso a um cromossomo X. Depois de muito questionamento, chegaram à conclusão de que esse pedaço de cromossomo a menos nas mulheres e a mais nos homens era o gene TDF. No embrião do sexo masculino, o TDF manifesta-se na sétima semana; antes disso, os geneticistas afirmam que o embrião é "sexualmente indiferente".

Homens e mulheres, enfim, possuem um momento de igualdade durante suas existências.

Um relato mesopotâmico, *Enuma Elish*, sobre a criação do universo, escrito em sete tábuas de barro, traz na sexta um relato sobre o deus rebelde Kingu, que, logo após ser derrotado, foi condenado por Marduk, o deus vencedor, a ter sua cabeça cortada e seu sangue usado para formar o homem.

Num texto de *Atrahasis*, uma assembleia de deuses resolveu criar o homem mediante a morte de um ser da divindade, com a frase: "Matemos um deus, assim todos os deuses podem ser purificados pelo jorrar de seu sangue. Deixai Nintu misturar o sangue com o barro...". Assim o homem foi criado.

No relato do *Mito de Adapa* – de origem babilônica, de que um dos artefatos que contém a inscrição pertenceu à Biblioteca de Assurbanípal, em Nínive, e outros aos arquivos do faraó Amenotep IV ou Akhenaten, achado nas ruínas de Tell el-Amarna – é dito que Adapa recebeu muita sabedoria ao ser criado, mas não a imortalidade. Era uma espécie de semideus, sacerdote e líder do templo do deus Ea. O mito revela que Adapa era também um pescador, e um dia, durante a pesca, o vento afundou sua embarcação. Adapa quebrou as asas do vento, que não soprou por sete dias. O calor ficou insuportável, o deus Anu o chama, mas o deus Ea, protetor de Adapa, o avisa para não comer ou beber nada, para não ser envenenado. A advertência foi ruim para Adapa, rejeitou a bebida e a comida da imortalidade e foi obrigado a retornar à Terra.

Um outro artefato encontrado na Biblioteca de Assurbanípal III, hoje no Museu Britânico, faz menção ao momento em que a mulher foi criada. Ela é chamada Nin-Ti, uma expressão sumeriana que significa "a dama da costela", uma menção a Eva, a mãe da humanidade.

Entre tantos outros relatos sobre o surgimento do homem e da mulher, o romantismo nos textos e na imaginação da história sempre nos remete a profundas reflexões, mas repare que desde muito tempo o romantismo faz parte das narrativas sobre o homem e a mulher. Embora diferentes, os dois seres possuem esse outro elo através da história.

Desde o início da concepção, outro elo une o homem e a mulher. Estatisticamente, para cada 100 meninas que vêm ao mundo, são concebidos 105 meninos, porém meninos tendem a morrer mais que as meninas, fator que mantém o equilíbrio entre os sexos na população. O equilíbrio e o romantismo formam dois dos elos da corrente existencial do homem e da mulher.

O cérebro de uma mulher pesa em média 1,15 quilo e o de um homem 1,40 quilo, mas isso não significa que o homem é mais inteligente. Nenhum dos dois usa todos os seus neurônios, assim, o tamanho do cérebro deixa uma sobra boa para ambos.

Uma diferença importante acontece na região cerebral do hipocampo, que atua de forma contínua para os homens e ciclicamente para as mulheres.

O hipocampo mantém o controle da hipófise, a glândula-mãe localizada no cérebro, na altura das sobrancelhas, que comanda as demais glândulas do organismo. Nesse processo, no caso do homem, inicia-se uma comunicação contínua entre a hipófise e os testículos. A hipófise manda dois hormônios pela circulação até os testículos para que produzam a testosterona, ou o hormônio masculino.

No caso da mulher, a hipófise ordena que os ovários produzam uma série de hormônios classificados como estrógeno. No auge desse processo acontece uma queda significativa, pois a hipófise propõe que os ovários produzam um segundo hormônio, a progesterona. É como se o corpo feminino possuísse um relógio cíclico em seu organismo. No decorrer do mês, a taxa hormonal do homem é sempre a mesma, porém na mulher tem variação de acordo com o dia do ciclo menstrual.

Comportalmente, é como conviver com três tipos de mulheres em um só corpo: aquela pela qual o homem se apaixonou, aquela com a qual o homem se casou e aquela que surge do nada, razão pela qual os homens vivem achando que as mulheres mudam demais. Na verdade não mudam, elas são três em uma; é necessário identificar os ciclos no qual cada uma vai surgir e comportar-se de acordo com o ciclo daquela com quem você está convivendo naquele momento.

O corpo feminino parece estar sempre se preparando para a gravidez, na avaliação de seu sistema orgânico. Essa regulação de hormônios cria efeitos na mulher como o da necessidade de respirar mais depressa que o homem, o que necessariamente não indica que a mulher tenha mais fôlego, pois a capacidade pulmonar do homem é, em média, 27% maior que o da mulher. O homem tem sua massa muscular maior porque necessita de mais oxigênio para trabalhar, ela é consequência de ação dos hormônios masculinos andrógenos na puberdade. Eles são tão importantes que mesmo as mulheres os possuem, aproximadamente 6% menos que os homens. Por volta dos 17 anos, pouco mais da metade do peso de um jovem corresponde aos músculos; na jovem, a massa muscular equivale a 40% do seu peso. Em contrapartida, a mulher possui tecido gorduroso concentrado com prioridade na região das coxas e dos quadris, dois pontos considerados campos de olhares prioritários dos homens.

Uma das explicações científicas para o fato de a mulher ter mais gordura e o homem mais músculos diz respeito aos tempos primitivos, quando a função do sexo feminino era praticamente apenas a maternidade; portanto, a gordura seria uma fonte de energia adicional para conduzir a gravidez até o fim. Por outro lado, o homem precisava de mais força para correr em busca de alimento e garantir a sobrevivência de seu grupo. O homem necessita de 2700 calorias diariamente, e a mulher de apenas 2000, o que equivale a uma xícara cheia de açúcar.

Enquanto o homem sente mais fome, a fome da mulher é em grande parte fruto de ansiedade. Elas possuem mais necessidade de carne que os homens, embora estes sejam os campeões em dar prejuízo em churrascarias rodízio. A mulher precisa de mais ferro, essencial para formação dos glóbulos vermelhos, para fazer a recomposição das perdas menstruais.

A bacia da mulher é mais larga que a do homem, pois um bebê precisa passar por ela. A abertura infrapúbica na mulher fica por volta de 90 graus e a do homem se limita a 60 graus. No homem, o sacro, osso da parte de trás da bacia, é mais retilíneo; na mulher não existe a barreira do sacro, e isso lhe concede um bumbum mais arrebitado. Já a distância entre os joelhos é a mesma nos homens e nas mulheres. Como a bacia da mulher é mais larga, o fêmur fica inclinado; no homem, sua posição é mais reta, fator pelo qual também se pode ter a indicação do sexo.

Em relação ao crânio, a mulher tem o osso frontal da testa mais reto, o ângulo nasal mais aberto. O homem tem uma protuberância na altura das sobrancelhas e arcos nasais mais fechados.

Em relação à voz, quanto maior for o chamado trato vocal, o tamanho da laringe, das caixas de ressonância e das articulações, mais grave será a voz. Até a adolescência, as vozes masculinas e femininas têm um mesmo tom, depois os hormônios provocam o desenvolvimento da laringe e das cordas vocais, dando um outro tom. As cordas vocais do homem vibram no máximo 130 vezes por segundo; a da mulher, 190 vezes por segundo.

Diante de tantas e mais diferenças, homens e mulheres desejam o sexo oposto; os hormônios que separam também provocam talvez o único ponto comum entre eles, o desejo sexual.

♂ É mais frio.
♀ É mais emotiva.

♂ Prefere ser objetivo.
♀ Prefere algo mais complexo.

♂ Tende a passar mais tempo com amigos.
♀ Tende a passar mais tempo com o companheiro.

♂ Não demonstra afetividade em público.
♀ Quer demonstrar a todos o que sente.

♂ Evita voltar para casa.
♀ Faz de tudo para voltar para casa.

♂ É insensível, não sabe ouvir, não conversa, não demonstra carinho, não leva relacionamentos a sério, quer sexo em vez de amor e deixa a tampa do vaso levantada.
♀ Chora sem razão, dirige em zigue-zague, não gosta de mapas de ruas, tem senso de destino e não de direção, não toma iniciativa no sexo e deixa a tampa do vaso abaixada.

♂ Larga tudo jogado pela casa.
♀ Acha que ele não fez tudo o que podia.

♂ Ajuda quase nada quando chega em casa.
♀ Sempre consegue achar algo novo para reclamar.

♂ Assiste à TV enquanto ela faz tarefas domésticas.
♀ Quer tudo feito na hora.

♂ Esquece as coisas que são importantes para ela, principalmente as datas.
♀ Lembra-se dos erros e vive lembrando-o, não esquece uma data importante.

♂ Só ajuda quando solicitado.
♀ Quer que ele leia sua mente e antecipe seus desejos.

♂ Não aceita de forma transparente quando ela usa suas camisas e relógios e parte do seu armário.
♀ Adora usar as camisas dele e os relógios, assim como utilizar parte do armário dele.

♂ Pensa em sexo.
♀ Pensa em romance.

♂ Quer viver um relacionamento.
♀ Quer viver um conto de fadas.

♂ É racional para assuntos espirituais.
♀ É sensível aos assuntos espirituais.

♂ Evoluiu como caçador e provedor.
♀ Evoluiu como comunicadora e amparadora.

♂ Executa uma tarefa de cada vez.
♀ Executa diversas tarefas de uma só vez.

♂ Espera as informações chegarem até ele.
♀ Não espera nenhuma informação chegar, vai atrás de todas que precisa.

♂ Não pede informação quando está perdido.
♀ Pede todas as informações possíveis quando está perdida.

♂ Quer discutir a relação durante as refeições.
♀ Quer discutir a relação às 2 da manhã.

♂ Grande parte cai para o lado e dorme depois do sexo, além de querer nos momentos em que ela não quer.
♀ Fica esperando algum elogio e carícia depois do sexo. Para ela tem de ser criado um clima.

♂ Quer que ela goste das coisas de que ele gosta.
♀ Quer que ele goste das coisas de que ela gosta.

♂ Quer ser amado.
♀ Quer ser amada.

♂ Gosta de sexo.
♀ Gosta de sexo.

Com tantas diferenças entre essas duas espécies iguais, mas que vivem em mundos diferentes, o amor precisa se tornar uma linha com dom divino para unir esses pontos tão distantes.

Ele ainda é o primeiro item da lista das pessoas em suas escolhas e tomara que continue assim, pois, se outros itens começarem a ser levados em conta, talvez as pessoas comecem a perceber que se relacionar pode ser um exercício que exige um esforço fora do comum. Depois de algum tempo, até pode-se chegar a essa conclusão, mas ela não pode ser a primeira.

Quando a dor vem no início, o fim está mais próximo. Quando ela vai acontecendo, pode ser amenizada com as coisas positivas que sempre são vivenciadas ao se estar com alguém especial.

O amor tem um poder extraordinário de sugerir à nossa mente e ao nosso coração que determinada pessoa está realmente em nosso caminho para a felicidade. Esse poder talvez seja a inspiração da esperança de amar e receber amor.

Capítulo 19

Comportamentos masculinos que a mulher deve considerar

- ♂ Não sabe ouvir a mulher.
- ♂ Valoriza o poder, a competência, a eficiência, as realizações, está sempre buscando provar suas habilidades, sente satisfação quando obtém sucesso.
- ♂ Preocupa-se com atividades externas, notícias sobre esportes, economia, carros, tecnologia de informática; é mais ligado em objetos e coisas do que em sentimentos.
- ♂ Quando recebe uma sugestão da mulher considera-a uma crítica; quando uma sugestão sua não é aproveitada, logo pensa estar sendo questionado.
- ♂ Diante de uma situação de estresse, acentua a concentração, fica retraído, mais surdo e mudo, parecendo sentir-se muito melhor resolvendo problemas.
- ♂ Quando a mulher lhe fala de problemas, logo acha que está sendo acusado de algo; em vez de ouvir, sai em retaliação.
- ♂ Motiva-se ao sentir que está sendo necessário; se for para mostrar todo seu potencial, logo dá o melhor de si, mas, no fundo, tem medo de não ser bom o bastante ou incompetente.

- ♂ Quando a mulher resolve revelar que está infeliz, sente-se um fracasso e distorce tudo, já envolvendo terceiros no assunto, sendo que ele é o ponto central da infelicidade.
- ♂ Mostra tristeza quando sente que não é amado, que já não tem a confiança dela, por não ser aceito como é, quando não é valorizado e apreciado, quando toma um corretivo, quando é desaprovado ou quando toma uma decisão que é criticada.
- ♂ Não faz perguntas que demonstrem seu interesse no que ela fala, se distrai facilmente, precisa ter a atenção chamada para ouvir, dá conselhos quando deveria entender os sentimentos.
- ♂ Até ouve, mas por dentro sente-se aborrecido e acha que está sendo oprimido quando ela lhe apresenta um problema, sempre quer defender o seu ponto de vista minimizando o dela e sai de perto na hora errada.
- ♂ É resistente a tentativas de mudá-lo; quando isto acontece, sente-se controlado, como se seus botões estivessem sendo apertados um a um, ou fica defensivo, teimoso e emburrado.
- ♂ Inicia uma discussão quando ela se aborrece por coisas que ele julga pequenas, quando ela diz que ele não deveria fazer tal coisa, quando é responsabilizado pela infelicidade dela, quando é solicitado na hora que ela quer ou quando acredita que ela deseja que ele leia a sua mente.

- ♂ Não recebe bem os pedidos diretos dela, as solicitações mais simples não podem parecer uma exigência, senão a coisa pega. Recebe bem apenas uma pergunta do tipo: "Você faria...?". Fica mais disposto a dizer um sim se tiver a oportunidade de dizer não, mas, nesse caso, agindo dentro desse padrão, a probabilidade de ele dizer sim é enorme.
- ♂ Quando está considerando o pedido dela, resmunga e solta fumaça como motor velho; precisa ser programado para dizer um sim às solicitações dela.
- ♂ Deixa coisas jogadas pela casa, ajuda pouco quando chega do trabalho, esquece tudo que é importante para ela, parece não ligar enquanto ela se desdobra em mil, precisa ser solicitado e não tem iniciativa para ajudá-la.
- ♂ No início do relacionamento é afetuoso e interessado, depois parece ignorar o que era óbvio, já não elogia, torna-se frio e distante, não nota mais a aparência dela, usa seu tempo de romance para assistir TV.
- ♂ Sempre acha que tem razão nas discussões sobre finanças.
- ♂ Prende-se a antigas expectativas, não nota a evolução dela e trata-a como no primeiro dia; é melhor quando solicitado para um projeto do que quando está em sua rotina.
- ♂ Quando faz compras num *shopping* com ela, praticamente se arrasta e não vê a hora de terminar; no

supermercado, fica mais perdido que peru em véspera de Natal.

- ♂ Sempre acredita estar certo numa discussão e eleva a voz, fica frio, incisivo e distante, faz comentários condescendentes, interrompe os argumentos dela a todo momento, fica justificando seus atos subestimando-a, demonstra frustração, fica oferecendo soluções, resolve passar corretivo nas prioridades dela, busca encerrar logo a conversa, quer ter a última palavra, faz ameaças. Quando decide ceder, faz parecer que ela está sendo má ao pleitear aquilo e ameaça pagar na mesma moeda. Não dá o braço a torcer e logo diz: "Fazer o quê, né?".
- ♂ Fica jogando gasolina em assuntos que sabe que a magoam, adora uma seção tortura de assuntos conjugais ou familiares.
- ♂ Adora ficar apertando o botão do controle remoto, passeando pelos canais de TV, não gosta de parar o carro para pedir informação, sabe pouquíssimo sobre a vida de seus amigos, evita assumir compromissos, adora brinquedos de meninos, não conversa com outros homens no banheiro, faz uma coisa de cada vez, se tiver de tomar conta do leite no fogo, pode ter certeza, o leite vai derramar.
- ♂ Responde de maneira contundente, quando deveria ser mais delicado com a indagação dela.
- ♂ Está mentindo quando realiza movimentos involuntários na face, não mantém contato visual, cruza os

braços ou pernas, sorri com os lábios fechados, fala rapidamente, esconde as mãos.

- ♂ Fica com aquela cara de pudim diante de uma silhueta atlética, boca sensual, seios volumosos, pernas torneadas e longas, quadris redondos, cintura fina, nádegas aconchegantes, olhos atraentes, cabelos compridos, nariz ajustado, ausência de barriga, vulva arqueada e pescoço atraente.
- ♂ Não consegue ensinar coisas simples para ela, como dirigir; nesses casos, sua paciência é curta e seu comportamento torna-se ditatorial.
- ♂ É um fragmentador de informações, pois ela precisa sempre arrancar-lhe à força as informações e mesmo assim vem tudo aos poucos.
- ♂ Vive tentando marcar o território.
- ♂ Não presta atenção aos detalhes, tornando-se insensível a ponto de escolher para os eventos do casal cartões com longas mensagens impressas, só para não ter de escrever muito.
- ♂ Está sempre dizendo que ela não tem senso de direção, mas precisa de ajuda para achar suas gravatas, meias e camisas que estão bem na sua frente; talvez fosse diferente se ele não ouvisse como uma estátua.
- ♂ Na intimidade, é um fogão a lenha contra ela, que é um fogão a gás; enquanto ela precisa de um motivo, ele precisa de um lugar; nunca utiliza seus treze minutos, sempre deixa sobrar dez, para cair de lado e dormir mais

rápido (sendo assim, por que ele exige que o ambiente esteja claro?).

- ♂ Precisa receber confiança, aceitação, apreço, admiração, aprovação, encorajamento e mimo de mãe.
- ♂ Precisa sentir-se o centro de segurança da mulher.
- ♂ Admira a mulher que se conhece, que tem autoestima elevada, sabe distinguir realidade, que não o acha um ET, que tem senso de distinção entre os fatos, que é autoconfiante, que não fica interferindo em suas avaliações, que tem coragem de entregar-se na intimidade, que sabe enviar um sinal claro do que deseja, que é sensível a seus interesses, planos e amigos, que não fica se candidatando ao cargo de esposa, que faz muitas perguntas antes de se entregar, que não mostra interesse rápido demais, que não tem intensidade demais cedo demais, que não o assusta e permite que ele sinta que está na direção das coisas, que lhe permite privacidade, que não abre sua correspondência, que não contabiliza na caderneta os favores que lhe faz, que sabe expor o que está errado sem jogar a culpa toda nele.

Capítulo 20

Comportamentos femininos que o homem deve considerar

- ♀ Vive tentando mudar o homem.
- ♀ Valoriza o amor, a comunicação, a beleza e os relacionamentos.
- ♀ Gasta um tempão amparando, ajudando, dando ombro às outras. Sua visão de si mesma é determinada por seus sentimentos e pela qualidade de seus relacionamentos; sente-se muito feliz em compartilhar e relacionar-se.
- ♀ Não usa artifícios para revelar sua competência; gosta de vestir uma roupa nova ou diferente a cada dia, fazendo equivalência com o que está sentindo.
- ♀ Dividir seu sentimento pessoal é mais importante que conquistar metas de realizações e sucesso. Em vez de se orientar para as metas, ela é orientada para relacionamentos. É mais preocupada com a expressão da sua bondade, do seu amor e da sua atenção.
- ♀ É envolvida com seu crescimento pessoal, com espiritualidade e os demais itens que possam trazer coisas nutritivas para sua vida.
- ♀ É intuitiva, uma habilidade conquistada há séculos. Antecipando as necessidades umas das outras, possui

orgulho de ter consideração pelas necessidades e pelos desejos delas.

- ♀ Vê como sinal de solicitude dar conselhos e sugestões.
- ♀ Gosta de melhorar as coisas: acredita que, quando alguma coisa está bem, ela pode fazer melhor.
- ♀ Aprecia compartilhar seus sentimentos e sente-se melhor dividindo sua fragilidade; se estiver estressada, busca alívio em alguém em quem confie e que possa ouvi-la em todos os mínimos detalhes.
- ♀ Sente-se motivada e fortalecida quando é acalentada, valorizada e elogiada.
- ♀ Para comunicar-se, expressa seus sentimentos no lugar de informações. Quando está aborrecida, usa generalidades, um sinal de pedido para um especial apoio; se o homem fica em silêncio, logo imagina o pior.
- ♀ Fala muito para transmitir e coletar informações, para investigar e fazer descobertas, para sentir-se melhor e mais equilibrada.
- ♀ Queima-se quando, sem aviso prévio, invade o buraco escuro, ou seja, o momento de introspecção do homem, os instantes de mudez e indiferença, que não significam necessariamente um sinal de que ele a está desprezando. O homem tem seus instantes de avestruz.
- ♀ Quando se sente amada, sua autoestima sobe e desce; quando está sentindo-se bem de verdade vai ao topo, mas, se seu estado de ânimo mudar, a queda é brutal, ela sente um vazio interior que precisa ser preenchido

com amor, faz uma reciclagem emocional e retoma o ciclo.

- ♀ Ao ter seus sentimentos negativos sofrendo repressão, reprime os positivos e percebe que algo morreu dentro de si.
- ♀ Precisa receber: Carinho, Compreensão, Respeito, Devoção, Validação, Reafirmação, Romantismo, Saudosismo Sentimental, Momentos de Paixão e Surpresas Apaixonadas.
- ♀ Erra ao tentar melhorar o comportamento do homem oferecendo conselhos não solicitados, ao mudar e controlar o comportamento dele compartilhando seus sentimentos negativos, ao não reconhecer o que ele faz por ela reclamando do que ele não faz, ao passar-lhe corretivos como se ele fosse uma criança.
- ♀ Sente que não é amada quando não recebe atenção ou sente que ele não se importa, quando não é compreendida e tem seus sentimentos desrespeitados, quando não vê devoção e honra no tratamento que recebe, quando seus sentimentos não são validados e quando não recebe a reafirmação de que precisa, aumentando assim sua insegurança.
- ♀ Pequenos gestos lhe causam grande alegria. Aprecia a magia, o encantamento e o conto de fadas em determinadas atitudes.
- ♀ Encontra sempre algo que ele não fez; arruma algo novo para reclamar; quer tudo feito no momento; lembra constantemente os erros dele e menciona-os com

frequência; sempre encontra algo errado nas sugestões dele; espera que sua mente seja decifrada por ele; diz que não ficam juntos o bastante; sempre está exausta, mesmo quando ele ajuda em casa; constrói um cavalo de batalha por algumas coisas sem importância; põe num quadro os momentos deliciosos, mas escreve na parede uma rixa; quando ele está no clima, ela está cansada demais.

- ♀ Parece até que deseja que os homens sejam mulheres, criando novas expectativas, compreensíveis mas irreais: quer que ele seja compassivo e ávido, dividindo todas as responsabilidades domésticas, assim como atento e romântico, planejando programas para atraí-la e agradá-la e ainda resolva os diversos problemas e imprevistos do dia a dia lá de casa.
- ♀ Sente falta de um homem romântico, fiel, que ofereça segurança e respaldo financeiro, momentos de diversão, seja um consertador de coisas em casa, faça-lhe uma boa massagem caseira, enfim, de um que a faça sentir-se extremamente bem.
- ♀ Adora presentes, se for um sapato, mais ainda; é consumidora, mas econômica se necessário; sente-se melhor fazendo compras sozinha, o homem é um fardo pesado demais para se arrastar nessas horas.
- ♀ Erra quando sobe a voz em alto e bom tom, usa perguntas retóricas, faz reclamações generalizadas, insiste nas reclamações, espera que a reação do homem seja a de uma mulher, compara-o com o que ele era no

passado, joga tudo que estava na caderneta em um só momento, fala sem parar e não lhe dá chance para se explicar, demonstra forte resistência, traz à tona antigos problemas sepultados para justificar seu ponto de vista, não perdoa enquanto não sentir que já penou o suficiente, faz exigências em vez de falar sobre o que prefere e é rabugenta de passar da conta.

♀ Chora porque precisa, chora por chantagem emocional, chora porque tem vontade e às vezes nem sabe por que chora.

♀ É atraída pelo homem de corpo atlético – peito, ombros e braços fortes, bumbum nos conformes, cabelo legal, quadril estreito e pernas musculosas, ausência de barriga, uma boa ferramenta de trabalho, boca chamativa, nariz e queixo que transpareçam força, uma barba por fazer –, olhos caridosos, personalidade, humor, sensibilidade, capacidade intelectual, aparência saudável, promessa de carinho e proposta de felicidade duradoura.

♀ É um radar, possui o sexto sentido e sente a mentira de longe, tem mais disposição para ouvir, consegue fazer leitura dinâmica das entrelinhas, é mais conectada, consegue executar diversas coisas ao mesmo tempo, possui um percentual emocional alto, é fiel, faz da intimidade motivo para discutir a relação às três da matina, tem foco em assumir compromissos, diz "eu te amo" com mais facilidade que o homem, gosta de um aquecimento para dar início a qualquer atividade romântica e entrega-se ao erotismo se for conduzida com paixão.

♀ Aprecia ser levada para dançar, receber um jantar, um ambiente preparado para uma ocasião especial, flores, bombons, uma bebida "romanticalizada", um elogio sobre seu cabelo ou a nova roupa, gentilezas como abrir a porta do carro entre outras.

♀ Leva muito tempo para se vestir, não para o homem, mas para as outras mulheres que irá encontrar na festa.

♀ Sabe que a perua é aquela que, antes de sair de casa, coloca mais uma peça para compor seu visual e a *chic* tira uma peça antes de sair; mas sempre tem dúvida se deve ir como *chic* ou como perua; afinal, ela é ela e ponto, ninguém tem nada a ver com isso.

♀ Tem a seu favor, por direito, a Declaração das Nações Unidas sobre os Direitos das Mulheres, homologada em Pequim em 1995, que enumera essencialmente princípios relativos ao direito de as mulheres serem donas do próprio corpo.

♀ A maioria está em tremenda desvantagem em relação à intimidade masculina; ficam no "*quase-quase-quase*", enquanto eles no "*tudo-tudo-tudo*" e muitas até são atrizes num momento em que deveriam sentir um verdadeiro e imenso prazer; convivendo com uma ausência de carinho e uma solidão que nenhum homem suportaria.

♀ Não precisa disputar espaço com o homem para igualar-se ou ser melhor. Ela é única. Algo muito maior que conquistar um espaço ou ganhar uma corrida por reconhecimento.

- ♀ Precisa de um centro de segurança e não admite ter seu cérebro insultado.
- ♀ É uma fonte de inspiração eterna, pela história que já passou e pela história que ainda está por vir.

Capítulo 21

A gente vai se acostumando

Durante um relacionamento, alguns tipos de conduta vão se formando; às vezes incomodam muito, às vezes incomodam pouco, mas não deixam de incomodar.

Com tolerância vai se aguentando essa situação, mas, lá no fundo, uma contrariedade vai se formando. No início parece algo superficial, mas, com o tempo, espalha-se, querendo mostrar-se de alguma maneira, querendo dizer que a coisa transbordou. Não dá mais para segurar, e o coração explode.

Quando relacionamentos de longa data terminam e ninguém entende a razão, pense bem, porque essa pode ser uma delas. As pessoas vão se acostumando com contrariedades, mas isso não significa que no seu íntimo as aceitem. Na verdade, apenas as toleram, e tolerância tem limite.

Quando o limite chega, é muito difícil consertar uma pilha imensa de pequenas coisas que corroeram a relação por muito tempo. Nem as promessas de que agora será diferente podem evitar o rompimento.

Todos temos nossos limites. É importante que a pessoa de nossa convivência seja constantemente informada quando a coisa está no sinal amarelo. Esse é o ponto até onde cada um deve se mover.

Ninguém se acostuma com algo que lhe faz mal, e um dia a casa cai. Esse dia pode estar próximo ou longe, mas vai chegar.

Algumas pessoas justificam: "Este é o meu jeito...". Até parece que alguém é obrigado a gostar "do seu jeito". Ser como você é trouxe-o exatamente para o lugar onde você está agora. Que tal se perguntar se é feliz e responder honestamente?

Vamos nos acostumando, vamos levando e um dia percebemos que não dá mais para levar e que perdemos um precioso tempo de nossa vida fazendo meditação matrimonial, ou seja, tolerando coisas que não nos faziam nenhum bem.

Somos vulneráveis a muitas coisas,
mas transpor os limites do outro é fatal.

Devemos conhecer e respeitar os limites um do outro, e expor com sinceridade esses limites. Não existe esperança para as pessoas que se relacionam de maneira rasa. A esperança está sempre no relacionamento profundo e sincero.

Talvez seja um bom momento para você discutir com sua cara-metade quais são as coisas que você está só levando e deixar claro que um dia isso pode se tornar um transtorno para os dois, sem contar o esporte favorito dessas horas: a "jogação" de coisas na cara. Fatos que talvez um deles já nem lembre mais são colocados em pauta pelo outro como se tivessem acontecido ontem.

Temos um mecanismo natural de defesa contra fatos que nos agridem física ou emocionalmente. A reação nem sempre é imediata, mas ela ocorre. Mas, às vezes, nosso instinto de sobrevivência torna-se menor quando podemos salvar. No Brasil, assim como em outros países, já houve notícia de mãe que, ao ver seu filho levado por uma enxurrada durante uma enchente, mesmo sem saber nadar, pulou na água e salvou a criança. Nosso instinto de sobrevivência quer salvar e não morrer. Num relacionamento, muitas vezes acontece o mesmo, mas é preciso que a relação entre os dois seja de muita afinidade.

Entramos num relacionamento por amor e somos resultado do quanto realmente temos de disposição e estratégia para fazê-lo durar.

Capítulo 22

A Lei de Murphy no relacionamento

Há casais que já começam errado, anulando as chances de as coisas darem certo, há casais que começam certo e vão fazendo as coisas darem errado.

Ele ou ela sempre descobre algo do outro justamente no momento em que não era para descobrir.

A Lei de Murphy também atua no relacionamento.

Sabe aquele dia em que você está com muita pressa e a fila anda devagar, quando mais precisa do celular a bateria pifa; nesse dia, se alguma coisa pode dar errado, vai dar errado.

A Lei de Murphy surgiu em 1949, na Força Aérea dos Estados Unidos. Os engenheiros aeronáuticos haviam criado um novo e perigoso teste para medir a resistência do corpo humano à força da gravidade. Um voluntário ficava amarrado numa cadeira que era acelerada num trilho a 320 km/h. Quando a cadeira atingia sua velocidade máxima, os engenheiros apertavam um botão e ela freava em menos de um segundo. Putz... Essa desaceleração violenta tinha como objetivo reproduzir os efeitos da gravidade sobre o organismo. No primeiro teste, o voluntário, um físico da aeronáutica, ficou muito ferido, com diversos ossos quebrados e vasos sanguíneos rompidos. Nos meses posteriores, o teste foi repetido várias vezes, sempre com voluntários se dando muito mal. Um sacrifício em nome da ciência. Porém, um dia, o capitão Edward Murphy Jr., que estava coordenando a experiência, percebeu que os técnicos haviam cometido um erro brutal.

Os sensores haviam sido ligados ao contrário e, por essa razão, não funcionaram – portanto não foi possível medir a força da gravidade em nenhum dos testes. Todo o sofrimento dos voluntários tinha sido à toa. Murphy, muito furioso, teria pronunciado nesse momento a frase que se tornou famosa como a lei universal do pessimismo: se alguma coisa pode dar errado, vai dar errado.

Às vezes precisamos também prever o pior para evitar que ele aconteça. Existem casos de pessoas que se amam, mas uma das famílias é sinônimo de encrenca pura; um dia a coisa vai pegar e essa família será responsável por muitos tropeços no relacionamento.

Quando se ama, imagina-se que o melhor está logo à frente. As pessoas não possuem um sistema de discutir o futuro ou vislumbrá-lo por alguns instantes, antecipar situações para evitar a infelicidade.

Se algo tiver de dar errado em seu relacionamento, vai dar e você terá de lidar com isso de uma forma ou outra.

Aqui não dá para tapar o sol com a peneira, as pessoas são o que são e um dia vão mostrar sua real faceta. Por essa razão, é necessário procurar se conhecer ao máximo, desde a simples preferência pelo café doce ao amargo, até as reações em momentos de alguma discórdia.

Quando conhecemos logo o que tem probabilidade de dar errado, podemos trabalhar nisso com antecedência para evitar sofrimento. Quando lidamos com uma situação antes que ela aconteça, estaremos mais preparados para encará-la se um dia realmente chegar.

Existem relacionamentos que são mantidos por um dos dois apenas para provar algo para alguém, em geral para os pais. Ou mesmo para provar algo para si. Isso um dia cansa, é como ter de se fantasiar todos os dias para levar uma vida que não é a sua e viver sentimentos que não são os seus.

Quando duas pessoas se unem, imaginam levar uma única vida a dois, mas aos poucos percebem que estão levando a vida de um dos dois.

Existem muitas coisas que podem dar errado num relacionamento, poucas que podem dar certo, mas essas poucas superam de forma maravilhosa as que porventura aconteçam de maneira adversa.

O amor não vence tudo, ele é apenas o início de tudo.

Capítulo 23

Entre uma briga e outra

Atire a primeira pedra quem já não teve um entrave com a pessoa amada. É difícil não ter. Afinal, ao longo de séculos, o ser humano sempre teve e terá opiniões e versões contrárias em relação a outras pessoas, baseadas em sua própria perspectiva e existência.

A vida não bate em ninguém, somos nós que apanhamos de nós mesmos.

Erramos, acertamos, dizemos muitas coisas sem pensar, agimos impulsivamente e depois colhemos as consequências de nossas escolhas e decisões.

Somos ofendidos e ofendemos; somos magoados e magoamos; somos feridos e ferimos, mas nem sempre podemos ser compreendidos ou perdoados.

Muitas coisas na vida a dois fazem marcas profundas, que doem apenas por serem lembradas por um segundo; muitas vezes, na vida a dois, perdemos aquilo que era a coisa mais importante em nossa vida e não poderemos mais recuperar.

O amor chega, o relacionamento começa e com ele uma suposta experiência baseada em nosso sentimento de que sabemos tudo para fazer dessa união um exemplo de felicidade. Aos poucos, percebemos que nem tudo... ou quase nada.

Logo vamos tentando impor nossas razões e certezas, sem considerar as razões e certezas da outra parte. Somos sempre a prioridade, e assim o outro vai sendo desconsiderado.

Em nome de instantes que nos mantêm com a razão em mãos, fazemos sangrar um relacionamento promissor.

Estar certo ou certa num relacionamento talvez seja um dos pontos mais frágeis entre um casal e o início de um longo final infeliz. Não se consegue a paz a dois evitando brigas, mas sim se relacionando de coração para coração.

Quando trocamos esperança num relacionamento, não podemos fazer coisas que levem a outra pessoa a perdê-la; temos de produzir comportamentos que alimentem o desejo de um amor promissor.

O ego tem sido um grande inimigo do amor ao longo de muito tempo. Ele tem deixado alguns corações cegos, alguns cérebros atordoados e muita gente sozinha com suas mágoas de não ter conseguido amar ou por ter perdido um amor.

A razão é importante, a emoção é importante, porém o mais importante é o equilíbrio entre eles. É isso que temos de buscar: o caminho não é o da direita ou da esquerda, é o do meio, é o caminho do equilíbrio.

Somos os únicos responsáveis por nossos problemas com a pessoa amada, através da avaliação que fazemos dos fatos e de como reagimos a eles. A vida nos marca com o ferro, mas somos nós que nos ferimos com o fogo.

Imaginamos coisas lindas quando amamos alguém, imaginamos comportamentos especiais, mas logo nos surpreendemos fazendo tudo ao contrário e, pior, culpamos a outra pessoa. Agimos em desacordo com aquilo que desejamos ter e ser. Quando queremos alguma mudança em nossa vida, temos de agir de acordo com a mudança que esperamos conquistar.

Sofrer não faz parte do amor, sofrer faz parte do egoísmo das pessoas que não sabem amar.

O ímpeto de querer fazer valer sua autoridade e sua superioridade num relacionamento não o coloca em posição de destaque no coração da outra pessoa. Onde há autoridade não existe amor, onde há superioridade não existe amor. Cada pessoa sabe direitinho por que aguenta o que aguenta em seu relacionamento.

Nem sempre a razão de um dos lados torna o equilíbrio uma função nutritiva; melhor do que alguém ficar com a razão é encontrar maneiras de ficarem cada vez mais unidos.

Sempre que uma divergência tem início, os casais deveriam perguntar se isso irá uni-los ou afastá-los.

Brigas começam por pequenos detalhes: uma toalha no chão, um jornal no sofá da sala, um xampu aberto, um recado esquecido... mas essas pequenas coisas vão se transformando, na visão de uma das partes, em falta de atenção, descaso, falta de consideração, até que a gota d'água acontece, e os dois ganham um visitante indesejado no relacionamento – a briga.

As brigas começam por quase nada e terminam com quase tudo.

O que era esperança de felicidade se torna sentença de sofrimento, o que era amor se torna ódio, o que era afago se torna ferida, o que era atenção agora é provocação, o que era uma promessa de união se torna momentos de afastamento.

Ele diz que ela mudou, ela diz que ele mudou; mas a verdade difícil de aceitar é que os dois de alguma maneira deixaram algo importante para trás, que faz muita falta para prosseguirem com seu relacionamento: perderam a força de acreditar um no outro e preferem ser vítimas de interferências externas. Mas nem sempre as coisas acontecem fora de nós, e sim dentro de nós mesmos.

Um coração sempre quer voltar para casa. Fazemos nossa casa no coração do outro, o outro faz sua casa em nosso coração, mas, um dia, a porta encontra-se fechada. É muito difícil entender por que, as conjecturas começam e o que parecia impossível de acontecer torna-se realidade: começamos a perceber que a pessoa que amamos está ficando cada dia mais longe.

O ilógico das brigas é que elas afastam e separam pessoas que ainda se amam muito e conseguem ser mais fortes que o amor entre elas. Ou as pessoas preferem acreditar mais em seus momentos de fúria do que em seus momentos de amor.

Brigas são perigosas e traiçoeiras, conduzem as pessoas para além de sua razão, despertam um ímpeto desconhecido que se coloca à frente de qualquer sentimento e provocam feridas que talvez nunca possam ser cicatrizadas.

Costumamos lembrar mais do pior que do melhor; entre uma briga e outra, muitas coisas são ditas e, em todas, sem que se perceba, planta-se uma maldição no relacionamento, a qual virá à tona outras vezes para assombrar os dois corações.

Cada casal sabe muito bem quais os motivos de suas brigas: elas são diversas, mas também recorrentes.

Casais brigam por causa de parentes, indiferença conjugal, incompatibilidade de gênios, divergências caseiras, administração financeira, oposição nas escolhas e decisões, quando o amor se torna apenas conveniente, quando sofrem de algum tipo de desvio de personalidade e quando valores e princípios da união são desrespeitados por uma das partes.

Para evitar um mal maior, muitas vezes um dos lados cria uma aparente e inofensiva mentirinha, e nasce aí uma brecha para grandes mentiras, o que vai tornar o relacionamento algo fútil e insustentável.

A melhor maneira de viver muito é não morrer, a melhor maneira de manter um relacionamento saudável é procurar fazer dos pontos de divergência uma conversa nutritiva.

É difícil – principalmente naqueles instantes em que a emoção aflora e vêm à tona nossos mais secretos anseios de manifestar a brados aquilo que pensamos –, é doloroso, mas é necessário.

O perigo não está em brigar, está no nível de tensão que se instaura no relacionamento após uma discussão. As pessoas têm seus limites para tudo, inclusive para ouvir coisas que possam causar-lhes transtorno e desconforto existencial.

Conheça os limites suportáveis de sua cara-metade; quando a briga não puder ser evitada, permaneça dentro dos limites, assim você vai demonstrar mais interesse em solucionar a razão da briga do que desrespeitar e agredir com palavras quem escolheu para amar.

Capítulo 24

Os 50 suspiros de um relacionamento feliz

1. O amor é um processo que precisa de investimento diário, não de um destino pronto.
2. Não há um só dia, um só momento, em que seu amor não seja necessário junto a sua cara-metade.
3. Problemas em relacionamento existem, mas a prioridade deve ser o verdadeiro sentimento que está no seu coração e não os problemas.
4. Nenhum dos dois é um cigano com bola de cristal para saber o que o outro está pensando; seja uma pessoa clara em seus anseios.
5. Não viva por suposições, viva pelo que está presenciando em sua vida no dia a dia.
6. Uma discussão não é uma disputa pelo Oscar do relacionamento, é um momento para se conhecerem melhor.
7. Todo relacionamento conhece a primavera, o inverno, o verão e o outono: se prepare para a chegada de cada estação.
8. Deixe claras as coisas que fazem com que se sinta uma pessoa amada e as comunique toda vez que puder.

9. Não se dê demais e não cobre demais.
10. Celebre sempre os momentos especiais do relacionamento.
11. Se prometer algo, cumpra e procure fazer sempre pequenos atos inesperados que demonstrem sua paixão.
12. Mantenha o romantismo aquecido, com momentos especiais de intimidade e pequenas atitudes românticas.
13. Um gesto de carinho deve preceder toda despedida e todo reencontro no dia a dia.
14. Lembre-se sempre da energia do primeiro dia de seu romance, tenha ponderação em suas palavras.
15. Ceder não é render-se, é entregar-se à pessoa amada. Deixe o orgulho de lado e coloque seu coração em primeiro lugar.
16. Procure sempre enaltecer os pontos positivos da pessoa amada. Quem ama tem sempre mais coisas boas a ser reconhecidas do que coisas desagradáveis a ser criticadas.
17. Não deixe nenhuma pendura emocional ou racional para trás, procure resolver tudo enquanto o assunto ainda faz parte de sua vida. Toda pendência cresce como fermento e no futuro talvez não tenha solução.
18. Pedir desculpas não o faz inferior, faça isso quando necessário. A humildade no amor pode ser o vento que mantém as velas sempre a favor da felicidade.
19. Encontre maneiras de tornar sua estada a dois divertida, sorrisos fazem bem para o coração e para alma.
20. Não tenha segredos, fale sobre seus receios, medos, sonhos, dúvidas e esperanças.

21. De nada adianta confiar desconfiando; confie no outro de maneira ampla e sua dedicação será sempre plena.
22. Seja sempre um ombro amigo para seu amor; perdoe, console, afague e nunca deixe de oferecer carinho.
23. Não seja uma pessoa egoísta em suas exigências, aprecie a companhia do outro e se coloque no lugar dele quando for necessário.
24. Nunca durmam brigados, os cérebros vão remoer a noite toda seu ponto de divergência e pela manhã você vai acordar emburrado com sua cara-metade. Um simples beijinho na testa ou um boa-noite podem evitar essa tensão.
25. Valorize pequenos momentos, pequenos instantes e pequenos gestos.
26. Não se deixe influenciar pelo resultado negativo de outros relacionamentos que nem de longe se parecem com o seu.
27. A pessoa que você ama não deve ser medida com a mesma régua que mede outras pessoas em situações supostamente semelhantes.
28. A felicidade nem sempre está no quanto os dois de esforçam para alcançá-la, mas sim por quanto tempo se esforçam.
29. O que passou não é o que será, o futuro pode ser reescrito a todo momento.
30. Nunca se compare a seu companheiro: vocês são pessoas únicas com características independentes. O oposto se atrai, mas não fica junto; ninguém aguenta levar uma vida de oposição. É dentro da diversidade que crescemos e podemos ser levados por caminhos empolgantes.

31. Amar não significa que você tem propriedade sobre a pessoa, as coisas precisam fluir como uma linda amizade pelo compromisso com o sentimento.
32. Alimente as coisas que serão sempre necessárias em sua união e não apenas as que lhe interessam agora.
33. Procure vencer a rotina, a intensidade de nosso relacionamento é dimensionada por nossas atitudes.
34. As estórias dos contos de fadas servem apenas para inspirar, mas são impraticáveis num relacionamento real. Há muita mulher que ainda beija sapo e não se conforma que o sapo continue sapo. Há muito homem que vive caindo do cavalo branco e da panca de príncipe.
35. Palpites de pessoas conhecidas são baseados em suas próprias experiências, nem sempre se aplicam a você. Há muita gente infeliz pregando a felicidade.
36. Cuidado com conselhos que começam com as frases: "*mulheres são todas iguais*" ou "*homens são todos iguais*". Pessoas que não conseguiram viver seu amor vivem generalizando e globalizando sua incapacidade de relacionar-se.
37. Quem bate esquece, mas quem apanha não esquece. Às vezes uma divergência pode ser esquecida, mas fica marcada por dentro e nunca mais a pessoa será a mesma.
38. Procure fazer do tempo com seu amor sempre algo muito importante, mesmo que estejam fazendo coisas corriqueiras.
39. Amar não é concordar com tudo, amar é ver as coisas de ângulos diferentes que convergem para uma mesma direção.
40. Seja flexível, toda rigidez é vulnerável e torna as coisas insustentáveis.

41. Não tenha segredos para a pessoa amada, enigmas apenas aumentam as dúvidas, a insegurança e o medo de não se saber realmente com quem se está convivendo.
42. Cuidado ao ficar maximizando pequenas imperfeições da pessoa amada; nossa vida acontece no ponto em que concentramos nossa atenção. Ninguém suporta ser criticado a todo instante como se não tivesse nada mais de bom a oferecer.
43. Caso ainda não tenha conseguido dar-se bem com o sogro e a sogra, respeite-os e não arme nenhum confronto. Lembre-se de que eles, embora mais afastados de sua relação, ainda exercem forte influência na pessoa que geraram. São frutos de uma outra geração de pensamentos e tradições, vivem e vão viver de acordo com os preceitos que regeram suas próprias vidas. É você que precisa compreendê-los e aceitá-los. A vida bate onde a gente chuta.
44. Tenha amizades nutritivas: nada de gente que seca pé de arruda e faz samambaia pular do vaso. Não seja muro das lamentações de pessoas que entregaram seu tempo a outra, mas não deram sua atenção e tornaram-se rasas em seu relacionamento. O amor é algo energético e pode sofrer influência da negatividade de pessoas inconsequentes com seus próprios sentimentos. Aprenda felicidade com quem é feliz.
45. Nunca espere acontecer algo que só você pode começar e tornar realidade.
46. Eleja a dois uma canção que possa representar o momento de maior paixão entre vocês e, vez ou outra, durante o relacionamento, parem um pouco para ouvi-la.

47. Demonstre que você se importa, apoie, existem momentos num relacionamento em que a única coisa que a pessoa quer é ter a outra do seu lado. Realize pequenas ações que tenham grande importância para sua cara-metade.
48. Aprenda que o caminho do casal perfeito não tem fim, tem apenas ponto de partida todos os dias, em todos os momentos.
49. Seremos eternos aprendizes em relação ao amor. Ninguém nunca soube tudo e nunca saberá, ninguém ainda viveu tudo e nunca viverá. No amor se faz muito, mas há sempre muito a se fazer.
50. Ao longo da história da humanidade, muitos tentaram desvendar o mistério do amor entre duas pessoas e assim ainda será. O amor é um mistério para ser vivenciado e não desvendado. Não perca tempo tentando saber se uma pessoa é o seu tipo, se o signo dela combina com o seu, se o destino os uniu ou mesmo se ela é sua alma gêmea: não perca tempo desvendando um mistério que não pode ser desvendado. Entregue-se a essa pessoa, permita que ela se entregue a você, incentive a liberdade entre dois corações e curta ao máximo a possibilidade de serem felizes.

Capítulo 25

Considerações finais

O amor quase sempre acontece como uma potência na vida das pessoas, uma força que chega, toma conta de tudo, impõe seu ritmo e nos faz segui-lo como se estivéssemos indo para onde sempre desejamos estar.

Às vezes torna algumas pessoas audaciosas a ponto de lutar contra tudo e todos para exercer sua condição de vibrar com essa potência que agora dirige sua vida.

São pessoas de idade avançada unindo-se com alguém muito mais jovem, são jovens unindo-se com jovens contra a vontade dos pais, são pessoas lutando contra a sociedade para provar o seu sentimento, são pessoas abandonadas por aquelas a quem um dia deram o melhor de si, são pessoas sozinhas que nunca mais querem ver partido seu coração, são pessoas que se entregam demais e nada recebem em troca, são pessoas solitárias que nunca mais vão encontrar alguém tão especial quanto aquela que partiu, são pessoas felizes fazendo dos seus sentimentos uma lição para o amor...

O amor é uma potência que chega em nossas vidas, mas uma potência sem controle torna-se algo perigoso e no lugar de felicidade pode causar infelicidade.

Existem muitos casais que estão juntos e acreditam que se completam pelo fato de um ter generosidade e o outro egoísmo, um dá e o outro só quer receber. Um dos dois está nas sombras e acorrentando-se a cada dia numa escravidão sentimental.

O generoso afaga o ego cada vez que dá, fica envaidecido; o egoísta afaga o ego cada vez que recebe, sente-se fortalecido, mas, ao fazerem isso, os dois vão aos poucos esfolando seu relacionamento.

Até quando um generoso pode suportar um egoísta? Um generoso, por outro lado, é tudo que um egoísta quer pela vida toda. Um dia, o lado mais frágil se fortalece e a união termina ou o lado mais frágil assume a circunstância de escravidão emocional e não vê saída, rendendo-se à sua própria infelicidade.

Não há como ser justo num relacionamento injusto para um dos lados. Nossa previsão de orçamento deve ser sempre baseada na receita. Um relacionamento não fica longe disso; nossa previsão de intensidade deve ser baseada na reciprocidade que obtemos.

O nível de preocupação e cuidado que um dos lados tem com o outro é que vai determinar o grau do desempenho desse relacionamento.

A potência do amor vai estar sob controle quando um cuidar do outro, quando um colocar no outro a sua própria felicidade.

Um amor abraçado ao sofrimento não é normal; um amor que estraga sua vida, seu corpo, sua saúde, que o faz abandonar coisas que para você são importantes, que fere sua alma com a bandeira da paixão lhe dando migalhas emocionais não é normal.

Muitas vezes não é a paixão que nos intoxica,
é nossa generosidade que nos arrebata e nos dá
a ilusão de estarmos amando.

Achamos que não temos escolha, mas temos. O que nos falta é coragem para assumir a escolha que realmente gostaríamos de viver, para levar nosso coração pelos caminhos especiais que podemos conhecer.

Não são as responsabilidades de uma união que mantêm as pessoas juntas, mas sim a dura verdade de que um exerce sobre o outro a sua maior fraqueza e seu maior defeito como pessoa. Alguém egoísta relaciona-se com alguém generoso, o egoísta não suporta frustrações, quer sempre levar a melhor, ser contrariado não faz parte de seu contexto de aceitação, eis sua fraqueza.

A pessoa generosa tem imensa dificuldade de dizer não, aceita passivamente ser contrariada, pois acredita que dizendo sim está sendo amada e livra-se de alguma culpa. De quebra, ainda se sente envaidecida e superior ao outro por estar oferecendo mais do que recebe. Eis sua fraqueza.

Ambos alimentam suas fraquezas e seus defeitos. É como ocorre num relacionamento, quando alguém que gosta de bater encontra quem gosta de apanhar: quem bate pensa que foi um descontrole momentâneo amoroso e quem apanha pensa que o amor deve suportar qualquer coisa. Desculpas poderosas para uma fragilidade de comportamento.

O percentual de pessoas que têm juízo de valores contrários e pensam que estão amando é imenso. Mas, na verdade, estão apenas sentindo prazer em exercer uma sobre a outra o seu maior defeito de personalidade.

Não são opostos se atraindo, são fracos se completando em suas fraquezas com a ilusão de que tudo está sob controle, num relacionamento onde um chora e outro ri.

Só o amor não basta, por ele ser simples demais para ser vivenciado e compreendido.

Agregamos ao amor muitas alternativas, tais como: trocas, imposições, culpas, desvios de personalidade, traumas de infância, desilusões, expectativas próprias, autoridade, cobranças, propriedade e até o direito de intervir na esperança de felicidade.

Num processo evolutivo, no qual procuramos evitar a dor e encontrar o prazer, muitas pessoas podem estar encontrando prazer na dor sem que percebam.

Elas criam o que chamo de *Eixo de Conceitos Sofredores* em suas vidas e passam a viver em torno dele, em um ciclo vicioso. Em meus cursos, fico cada vez mais surpreso com o número de pessoas que está presa a esse *Eixo*.

Grande parte das mulheres que sofrem agressões físicas de seus pares continua com eles e alimenta a esperança de que a situação vai mudar um dia.

Emoções amorosas podem viciar nosso cérebro, tanto as boas como as ruins.

O que sentimos produz um composto químico ou uma série de compostos químicos específicos. Eles são neuropeptídeos ou moléculas de emoção, equivalem às cadeias de aminoácidos, feitos de proteínas e fabricados no hipotálamo, que é um minúsculo fabricante de compostos químicos que correspondem a determinadas emoções. Cada emoção tem um composto químico associado, e a absorção dele é feita pelas células em nosso organismo, originando um sentimento relativo àquela emoção.

Existem pessoas que, se forem separadas de um parceiro viciado por bebidas, logo vão encontrar um outro viciado em bebidas, pois seu organismo reconhece aquele sofrimento como prazer e logo ela estará em torno do mesmo *Eixo de Conceitos Sofredores*.

Qual é a sua circunstância, qual o referencial do seu *Eixo de Conceitos*? Você está em torno de um relacionamento feliz ou infeliz? As emoções que o viciam são saudáveis ou insuportáveis? você leva uma vida de amor ou de dissabores? Quanto vem aguentando em silêncio?

Tomar consciência de nosso posicionamento numa relação é fundamental. Somente assim podemos nos libertar de qualquer adversidade que esteja sendo maior que nossa vontade de ser feliz com quem escolhemos.

Emoções viciam de maneira nociva, mas também viciam de maneira nutritiva. E é a maneira nutritiva que devemos ter como objetivo.

Amar não é fácil, mas é simples. Mude seu *Eixo de Conceitos*, faça com que sua vida forme um ciclo em torno de fatores que possam realmente fazer uma diferença positiva para as duas partes.

Talvez existam coisas no amor sobre as quais não temos e nunca teremos controle, mas essas coisas talvez não precisem ser controladas. Insistimos em sistematizar quando, na verdade, deveríamos apenas viver e curtir.

O amor é uma sorte imprudente que precisa ser construída a todo instante com ações de carinho, compreensão e paixão.

Ele nunca chega pronto, o toque final é sempre nosso. É como receber a tela, a tinta e o pincel como representação do amor: a vida na tela depende daquilo que temos em nossa imaginação, em nosso coração e em nossa alma.

Espero que este livro o tenha conduzido com ainda mais sensibilidade no esforço de unir corações que se encontram, mas ainda não sabem os seus destinos e precisam do melhor de cada um para fazê-lo.

Existem relacionamentos que entram para a história do Amor, outros que constroem a história do Amor. Espero que o seu relacionamento possa construir uma história de Amor.

Agradeço que tenha vindo até aqui comigo nesta viagem de reflexão sobre o mais nobre dos sentimentos entre duas pessoas. Que tal agora dar um "oi" para sua cara-metade e dizer-lhe: "Eu te amo"?

Seja feliz, você merece.

Deus, dai-me serenidade para aceitar as coisas que não posso mudar, a coragem para mudar as coisas que eu posso e a sabedoria para distinguir a diferença..."

TEÓLOGO KARL PAUL REINHOLD NIEBUHR

Bibliografia

ARNTZ, Willian; CHASSE, Betsy; VICENTE, Mark. *Quem somos nós?* Rio de Janeiro: Prestígio, 2007.

BUSCAGLIA, Leo. *Nascido para amar*. Rio de Janeiro: Nova Era, 1992.

CARTER, Steven. *Homens gostam de mulheres que gostam de si mesmas*. Rio de Janeiro: Sextante, 2008.

CÉREBRO E MENTE. São Paulo: Duetto, nº 190, 2008.

FISHER, Helen. *Por que amamos*. Rio de Janeiro: Record, 2006.

FISHER, Helen. *Why him? Why her?* Nova York: Henry Holt, 2009.

GIKOVATE, Flávio. *O mal, o bem e mais além*. São Paulo: MG Editores, 2005.

GRAY, John. *Homens são de Marte, mulheres são de Vênus*. Rio de Janeiro: Rocco, 1997.

GRAY, John. *Homens, mulheres e relacionamentos*. Rio de Janeiro: Rocco, 1996.

GRAY, John. *Por que Marte & Vênus colidem*. Rio de Janeiro: Rocco, 2008.

HAY, Louise L. *O despertar da nova mulher*. Rio de Janeiro: Ediouro, 1997.

HITE, Shere. *O orgulho de ser mulher*. Rio de Janeiro: Sextante, 2004.

KINGMA, Daphne Rose. *Para viver um amor de verdade*. Rio de Janeiro: Sextante, 2008.

MANDINO, Og. *Segredos para o sucesso e a felicidade*. Rio de Janeiro: Record, 1995.

NIVEN, David. *Os 100 segredos dos bons relacionamentos*. Rio de Janeiro: Sextante, 2003.

PEASE, Allan & Barbara. *Por que os homens mentem e as mulheres choram*. Rio de Janeiro: Sextante, 2003.

PEASE, Allan & Barbara. *Será que a gente combina*. Rio de Janeiro: Sextante, 2006.

SUPERINTERESSANTE. São Paulo: Abril, nº 104, 1996.

SUPERINTERESSANTE. São Paulo: Abril, nº 241, 2007.

SUPERINTERESSANTE. São Paulo: Abril, nº 242, 2007.

SUPERINTERESSANTE. São Paulo: Abril, nº 264, 2009.

SUPERINTERESSANTE. São Paulo: Abril, nº 7, 1998.

SUPERINTERESSANTE. São Paulo: Abril, nº 12, 1998.

Conheça outros títulos do autor

O seu futuro depende de você

Algumas pessoas preferem se ater a previsões; outras, acreditar que o destino pertence ao Divino. Mas não podemos fugir da responsabilidade – o futuro é consequência de nossas atitudes. Esse livro vai ajudar você a parar de apenas desejar para construir o seu futuro.

Tudo vai dar certo

Por que sempre queremos ter razão? Nesse livro, com singelas mas profundas passagens autobiográficas, o autor mostra como, ao querermos ser detentores da verdade, desperdiçamos momentos de grande prazer, e nos convida a assumir o papel de aprendizes.

A razão da vida

A aventura de um jovem pela Índia em busca da realização de seu sonho vai inspirar você a empreender uma viagem ainda mais surpreendente que a narrada nessas páginas. Uma viagem para dentro de si mesmo, capaz de fazê-lo resgatar o verdadeiro sentido de sua vida.

Rota dos vencedores

Nesse livro tocante e ao mesmo tempo prático, Cesar Romão relata sua experiência como um dos primeiros executivos brasileiros a agregar responsabilidade social à sua empresa.

Sonhos existem para serem realizados

Com um tom pessoal e otimista, mas sem perder de vista a realidade muitas vezes difícil, Cesar Romão apresenta estratégias simples, mas de grande valor, para ajudá-lo a fazer as escolhas certas para a conquista de seus sonhos.

A força da intuição

Por meio de uma fábula, Cesar Romão nos ensina a importância de enxergar não com os olhos, mas com a intuição. Ao entender e confiar em alguns sinais, podemos tirar melhor proveito de cada obstáculo, fortalecendo-nos e descobrindo mais sobre nós mesmos.

Reflexões para fortalecer o coração

Esse não é um livro comum. Cada um dos 200 pensamentos reunidos nessa obra é uma fonte de inspiração para as pessoas que se sentem enfraquecidas diante das adversidades, ajudando-as a compreender e a valorizar sua importância no Universo.

Tente outra vez

Pare de encontrar desculpas para tudo o que não deu certo em sua vida. Nesse livro, Cesar Romão compartilha experiências para fazê-lo recuperar a vontade de reconquistar o que deixou pelo caminho ou buscar novos horizontes. Dê uma nova chance a você mesmo.

Este livro foi composto em Garamond
para a editora Academia de Inteligência
em dezembro de 2012